Anonymus

Der wahre Christ in der Einsamkeit

Das ist meine Freude, daß ich mich zu Gott halte

Anonymus

Der wahre Christ in der Einsamkeit
Das ist meine Freude, daß ich mich zu Gott halte

ISBN/EAN: 9783743332850

Hergestellt in Europa, USA, Kanada, Australien, Japan

Cover: Foto ©Lupo / pixelio.de

Manufactured and distributed by brebook publishing software
(www.brebook.com)

Anonymus

Der wahre Christ in der Einsamkeit

Der wahre Christ in der Einsamkeit.

Das ist meine Freude, daß ich mich zu GOtt halte.

Mit Erlaubniß der Oberen,

Münster in Westphalen,
Zu finden bey Anton Wilhelm Aschendorf.
1774.

Der Christ
in der Einsamkeit.

Erstes Stück
Der Schöpfer.

Hebet eure Augen in die Höhe, und sehet, wer hat dieses alles gemacht.

So wenig ein Mensch, der gesunde Augen hat, sich enthalten kann, das Sonnenlicht zu empfinden: eben so wenig kann ein Mensch, der eine gesunde Vernunft hat, sich enthalten die Stärke der Beweise zu empfinden, welche alle Dinge, die um uns sind, von dem Daseyn eines Schöpfers uns vor Augen legen. Ihn, den Schöpfer verkündiget der Himmel. Ihn prediget die Erde. Ihn erblicken wir in jedem Lichtstrale: und mit einer göttlichen Schrift steht sein Name an der prächtigen Decke des Himmels geschrieben. Das Auge eines Weisen blicket in diese Tiefen. Jeder Stern ist eine

Son=

Sonne: jeder Planet eine Welt: jede Welt iſt ein Aufenthalt von unzähligen Millionen Geſchöpfen. Wer kennet ihre Zahl? Wer mißt die Unendlichkeit des Raumes, wel= cher ſie einſchleußt? Ich ſehe unter mir, und erblicke den Theil der Welt, welchen ich be= wohne, die Erde, welche mich trägt und zugleich ernähret. Wer gründete ſie? Wer höhlete die Tiefen des Weltmeeres aus? Wer umdämmete die wilden Fluthen des Oceans, und beſtimmete ihm ſein Ufer? Wer entwarf und vollführete den verwägenen Bau der Gebirge, deren Gipfel auch den Blitzen un= erſteiglich ſind? Wer legete auf den Bergen die unerſchöpflichen Quellen an, aus wel= chen ſeit undenklichen Jahrhunderten Se= gen und Fruchtbarkeit die Länder durchſtrö= men? Wer befruchtete den Schoos der Er= de mit den Gattungen von unendlichen Saa= men, aus welchen, durch eine Art von Ver= nichtung täglich neue Schöpfungen geſche= hen? Wer verſah lebloſe Körper mit der Fä= hig=

higkeit eine Bewegung anzunehmen, und sie auf andere ihres gleichen auf eine Art fortzupflantzen, welche auch für den Weisesten unter uns ein Geheimniß ist? Wer setzete der Bewegung die Regeln fest, nach welchen sie geschieht, welche wir aus Wirkungen wahrnehmen, deren Ursachen wir, auch nicht durch Muthmaßungen, nur auf einige Art errathen können? Wer setzete die Kräfte so unendlich verschiedener Theile, aus welchen die Körperwelt besteht, in ein so genaues Gleichgewicht gegen einander, daß eine Welt, deren Theile sich augenblicklich auf tausendfache Art gegeneinander verändern, doch immer besteht, und in Ordnung bleibt? Läugnen, daß alles dieses seinen Grund in einer Einrichtung haben müsse, welche ein verständiges Wesen vorher gedacht hat, und behaupten, daß die wundernswürdigste Ordnung das Kind eines blinden Zufalles sey, heißt nichts anders, als sich selbst für einen Thoren erklären.

Doch!

Doch! was suche ich den Schöpfer ausser mir, welchen ich mit mäßiger Aufmerksamkeit in mir selbst antreffen kann? Ich empfinde. Ich denke. Ich bin mir meiner, und anderer Dinge ausser mir, bewußt. Ich besitze und gebrauche augenblicklich eine Kraft, von welcher ich nicht weiß, woher ich sie habe, noch wie ich sie habe: eine Kraft, wodurch ich, so oft ich will, Bilder von Dingen, die ausser mir sind, in mir erschaffe; mit diesen Bildern, als mit meinen Geschöpfen, nach eigenem Belieben umgehe; sie ansehe; sie verbinde; sie trenne; und aus ihnen als einem Stoffe, alles mache, was ich will. Woher kömmt mir dieser Stoff, über welchem meine denkende Seele arbeitet? Die Quelle davon ist nicht in mir, sie ist ausser mir. Ich finde Wege gebähnet, auf welchen die Kenntniß der Körperwelt bis in das Innerste von mir selbst gelangen kann. Fünf Sinnen, an deren Werkzeugen alle Kunst und alle Erfindungen der Mechanik bis

bis zur Verschwendung angebracht sind,
setzen mich, durch ihre über alle Verwunde=
rung erhabene Einrichtung, in Erstaunen:
und ich würde ihre Wirkungen für Fabeln
halten, wenn ich nicht die Wirklichkeit der=
selben augenblicklich fühlete. Durch diese
unendlich künstlichen Werkzeuge, als durch
so viele mit Fleiß dazu gemachten Oeffnun=
gen, dringen alle körperlichen Dinge, wel=
cherley sie seyn mögen, vom Grössesten bis
zum Kleinesten, die Sonne und das Son=
nenstäubchen, mit gleicher Leichtigkeit, bis
in das Innerste meiner Seele, suchen diesel=
be in ihrer tief versteckten Wohnung auf, und
stellen sich ihr dar, um von ihr beschauet zu
werden. Die Seele führet sich gegen sie auf,
wie gegen Dinge, über welche sie ein unum=
schränktes Recht hat. Sie würdiget sie ei=
nes Anblicks, oder läßt sie unbemerkt; be=
hält sie, oder heißt sie verschwinden. Oft
schicket sie den ganzen Haufen auf einmal
weg, und in dem Augenblicke ist eine andre

eben

eben ſo groſſe Anzahl da, welche bloß ihre
Befehle erwartet. Wer hat meinen Körper
ſo zu bauen gewußt, daß er zu ſo vielen Ver=
richtungen bequem iſt? Wer hat ihm das
Geſetz vorgeſchrieben, daß er meinem Willen
ohne Ausnahme gehorſam ſeyn, und auf mei=
nen Befehl Bewegungen vornehmen muß,
von welchen die Art, wie ſie zugehen, mir ſelbſt
ein vollkommenes Geheimniß iſt? Ich brau=
che täglich und augenblicklich die Glieder
meines Körpers nach meinem Wohlgefal=
len. Meine Seele regieret meinen Körper mit
der Macht eines Gottes. Sie will gehen, und
ſie geht. Sie will ſprechen, und ſie ſpricht.
Sollte man glauben, daß ein Weſen, deſſen
Macht ſo unumſchränkt zu ſeyn ſcheint, das=
jenige nicht einmal kenne, worüber ſie ge=
beut? Dieſes hat indeſſen ſeine Richtigkeit.
Die Seele bedienet ſich der Werkzeuge der
Sprache. Eine unzählige Menge Muskeln
ſind in Bewegung, von welchen ſie nichts
weiß, deren Daſeyn ſie nicht einmal vermu=
thet.

thet. Wie würde sie erstaunen, wenn sie auf einmal diese beschäfftigte Zahl ihrer unbekannten Unterthanen sehen, und von ihnen vernehmen sollte, daß ihre Geschäftigkeit, aus Gehorsam gegen eine Menge von ihr geschehener Befehle, herrührete? Diese Macht hat indessen ihre Gränzen: der Körper ist ermüdet. Die Nerven und Muskeln erschlaffen. Die Seele raffet sich zusammen. Sie wendet alle ihre Kraft an, um ihre Herrschaft aufrecht zu erhalten. Ihre Arbeit ist umsonst. Sie verliert so gar die Kraft zum Wollen. Ihr Bewußtseyn verschwindet. Sie entschläft selbst, ohne einmal sich bewußt zu seyn, was mit ihr vorgeht. Nach etlichen Stunden erwachet ihr Körper, und sie mit. Die Nerven sind aufs neue gespannet, und die Sachen stehen wieder auf dem vorigen Fusse. Sie befindet sich wieder in dem völligen Besitze ihrer Herrschaft, und zugleich unwidersprechlich überzeugt, daß diese Herrschaft und die Kraft, wodurch sie dieselbe

selbe ausübet, nicht von ihr sey.   Sie fühlet an der Art, wie sie ist, daß ein Schöpfer ist.

Ja gewiß! hier hat kein Betrug der Einbildungskraft statt. Ich fühle die Gewißheit des Daseyns meines Schöpfers auf eben die Art, wie ich die Gewißheit meines eigenen Daseyns empfinde.   Ich bin, und die Welt ist.   Ich bin von mir selbst nicht: die Welt ist eben so wenig.   Ein blinder Zufall ist ein Unding.   Wie ausschweifend würde mir die Raserey eines Menschen vorkommen, der im Ernste behaupten wollte, ein bloßes Ungefehr hätte den prächtigen Dianentempel zu Ephesus zusammengewehet? Aber dieser Unsinn wäre Vernunft gegen die Sprache desjenigen, welcher einen blinden Zufall für den Schöpfer der Welt, und für den Vater des menschlichen Geschlechts ausgäbe. Nein! der Schöpfer von mir und von der Welt ist ein durch seine eigene Kraft thätiges Wesen, er ist ein Geist.   Er besitzt Macht und Weisheit, denn er hat beydes in der Schöpfung be-

wie=

wiesen. Er besitzt diese Eigenschaften in unermeßlich hohem Grade, und auf eine Art, welche weit über unsere Begriffe erhaben ist. Er stellete sich uns als möglich vor, ehe wir waren. Er wollte unsre Wirklichkeit, und wir wurden. Dieses ist die einzige wahre Geschichte unsers Ursprunges, und zugleich die, von dem Ursprunge der ganzen Welt.

Wie groß aber, wie unendlich groß muß dieser Geist nicht seyn! Der kleinste Theil seiner Schöpfung hat überflüßigen Stoff, um die Kräfte des tiefsinnigen Geistes unter uns zu beschäfftigen und zu ermüden. Ein Sandkorn ist eine Welt für uns, oder würde es doch seyn, wenn unsere Augen fein genug wären, alle seine Theile unterscheiden zu können. Unzählige Millionen derselben liegen zu unsern Füssen, ungesehen, oder doch unbemerkt von uns, aber nicht von dem, welcher kein einiges derselben ohne Absicht erschaffen hat. Das Geringste in der Natur ist ein unerforschliches Geheimniß für uns.

Das

Das Gröſſere hat unergründliche Tiefen.
Wir ſind mit Geſchöpfen umgeben, welchen
wir durch die Kräfte, welche unſer Geiſt beſitzt, an innerer Würde weit überlegen ſind;
und welche indeſſen durch ihre körperliche
Gröſſe jeden unter uns in Erſtaunen ſetzen.
Wen unter uns machet die Vorſtellung eines bodenloſen Oceans nicht ſchwindeln? Er
bedecket Gebirge und Länder, deren Höhe
und Umfang denen nichts nachgiebt, welche
wir bewohnen.   Welten liegen unter ſeinen
Fluthen begraben.   Unſer Verſtand verliert
ſich in ſeinen unermeßlichen Tiefen.   Indeſſen ſpielet in ſeinen Abgründen der König der
Fiſche.   Er durchbrauſet die Fluthen.   Er
dränget ſich durch Gebirge von Wellen hin.
Er athmet Ströme, und ſein Scherzen
bringt die ganze Waſſerwelt in Aufruhr. Er
ſcheint der Anfang der Wege Gottes, und
der Erſtling der körperlichen Schöpfung zu
ſeyn.   Aber er und ſein Ocean, und die Erde,
welche den Ocean einfaſſet, mit ihren Bergen,

gen, Ländern und Königreichen, sehet die=
selbe aus dem Jupiter, einem Planeten un=
srer Sonnenwelt! wo ist sie? das Fernglaß
muß gut seyn, durch welches sie in der Größ=
se eines neblichten Sterns erscheinen soll:
Und alle ihre Sternen, wer kennet ihre Zahl?
Wer mißt ihre Grösse? Wer kann den Raum
durchdenken, welcher sie einschließt? Sie
Alle haben den Grund, warum sie sind,
bloß in dem Gedanken des Geistes, der da
wollte, daß sie seyn sollten.

Hier schwindelt mir! Mein Geist verliert
sich ganz in dir, unbegreiflicher Schöpfer! ich
fühle meine Kräfte ganz erschöpft, da ich dich
denken will! So groß diese Welten meinem
Verstande scheinen, so sind sie doch gegen dich
nur wie ein Stäubchen auf der Wage, wie
ein Tröpfchen, daß im Eymer bleibt, und,
wenn es möglich zu denken wäre, noch weni=
ger. Wie groß, wie unendlich, wie unaus=
sprechlich groß, must du seyn, welchem alle die
Grössen nichts, als einen Gedanken kosten.
Und

Und ſind dieſe Gröſſen, in welchen mein Verſtand ſich verliert, ein Nichts gegen dich, was bin ich denn, der ich klein genug bin, um mich in dieſem Nichts zu verlieren, aber auch groß genug, um zu erkennen, daß dieſes ganze All gegen dich ein Nichts iſt? So wunderbar haſt du mich, mein Schöpfer! gemachet. GOtt! Urheber meines Daſeyns! meines Weſens einziger Urſprung! Welch ein Glück iſt es für mich, daß ich dich, groſſer Schöpfer! kennen; dich, meinen Schöpfer, denken kann? Meine Seele! lobe ihn, den Unſichtbaren, den Unendlichen, den Unbegreiflichen! Erhebe dich! mit geiſtigen Schwingen zu deinem Urſprunge! Lobe den, der nur allein Lob verdienet, obwohl er über alles Lob unendlich erhaben iſt. Wen kann ich in der ganzen Unendlichkeit finden, der ein würdigerer Gegenſtand meines Lobes wäre, als meinen Schöpfer? Unglückliche Thoren, die raſend genug ſind, um keinen Schöpfer zu glauben, und verwegen genug,

die

die Augen vor dem Strale der Mittagsson-
ne zu verschliessen, und alsdann frech zu behaupten, daß es Mitternacht sey! Meine
Seele komme nicht in euren Rath! Wie leer,
wie wüste würde mir die Welt seyn, wenn
kein GOtt wäre, der sie erfüllete? In öder
Einsamkeit würde ich, gleich einem schüch-
ternen Gespenste, in den endlosen Räumen
der Schöpfung verzweifelnd herumirren;
wenn ich nicht in dir, meinem Schöpfer, den
Mittelpunct fände, in welchem sich meine
zerstreute Gedanken vereinigen, und nach
mühsamen Suchen Ruhe finden könnten. O
du, der Anfang, das Mittel, und das Ende aller Dinge! von dir bin ich. Du hiessest
mich werden. Dein gebiethend Wort bauete meinen Körper. Dein Hauch beseelete ihn.
Daß ich bin, ist durch dich. Was ich bin, bin
ich durch dich. Ich wäre nicht, ich dächte
nicht, wenn du nicht gewollt hättest, daß ich
seyn und denken sollte. Gelobet, ewig gelobet
seyst du, mein Schöpfer und mein HErr!
Dank-

Dankbarkeit und Liebe durchwallet mein gerührtes Herz, wenn ich denke, daß ich dadurch bin, daß du, Unendlicher! gewollt haſt, daß ich ſeyn ſollte. Welch eine Seligkeit, daß du mein Schöpfer biſt? Welch eine Seligkeit, daß ich dieſen Gedanken denken kann? Eine unausſprechliche Freude zittert durch mein Herz. Meine Seele löſet ſich auf, und zerfleußt in den zärtlichſten Empfindungen. O! möchten ſie doch dir nicht mißfallen! GOtt! mein Schöpfer! du Urheber meines Daſeyns! von welchem ich alles habe, was ich habe: Möchte doch vor dir das Lob nicht unangenehm ſeyn, welches dir meine Schwachheit bringt, als das einzlge Opfer, welches ein ſo niedriges Geſchöpf, wie ich bin, ſeinem groſſen Schöpfer bringen kann.

Dein Eigenthum bin ich, und will es ſeyn, ſo lange ich bin. Dir ſoll mein Leib und meine Seele heilig ſeyn. Was ſoll ich thun? Wie ſoll ich dich verehren, du Allerhöchſter, Rede! ich will hören. Würdige mich deiner

ner Befehle; ich brenne vor Eifer, deinen Befehlen zu gehorchen. O! wer giebt mir die Schnelligkeit des Windes, und die Stärke der Feuerflammen, und gleich denen, die vor deinem Throne stehen, auf deinen Wink zu fliehen, und meine Seligkeit, durch den feurigsten Gehorsam gegen deine Gebothe, zu nähren? O selige Augenblicke, in welchen man dir dienet! Wann! ach wann! mein GOtt! und mein Schöpfer! ach wann werde ich diese erhabene Seligkeit vollkommen besitzen? ach wann werde ich im Gehorsam gegen dich geübt genug seyn, um von dir würdig geachtet zu werden, daß du mich in die Zahl deiner treuen Knechte aufnehmest? Ich will alle meine Kräfte aufbieten! Ich will mein ganzes Glück darinn suchen, deinen Willen so auf Erden zu vollbringen, wie er im Himmel vollbracht wird.

B

Zwey=

Zweytes Stück.

Morgengedanken.

GOtt! du bist mein GOtt.   Frühe wache ich zu dir.

Ich erwache! Das Licht eines neuen Ta=
ges, ein unschätzbares Geschenk meines
gütigen Schöpfers, erleuchtet meine Augen,
und rufft mich von neuen zu den Geschäfften
des Lebens.   Die finstre Gefahren der trau=
rigen Nacht sind überstanden.   Ich fühle
meine Glieder durch einen sanften Schlaf
erquicket.   Leben und Gesundheit sind von
neuem mein Eigenthum. Eine frische Fluth
von Lebensgeistern wallet durch meine Ner=
ven, und treibt mich an, geschäfftig zu seyn.
Mein erstes Geschäffte sey dem Schöpfer
heilig! Wem anders, als ihm, gebühren
die Erstlinge von den Kräften, welche sein
Geschenk sind?

Was für zärtliche Regungen durchströ=
men mein Herz? GOtt, mein Vater, und
mein HErr! Du Allergütigster! deine mil=
de Hand schenket mir mit diesem neuen Ta=
ge

ge ein neues Leben, um deine Güte aufs
neue empfinden zu können, und die zärtliche
Wollust zu schmecken, welche der selige Trieb
der Dankbarkeit gegen den liebenswürdig=
sten Wohlthäter gebiert. Ich hätte eben
so wenig Recht, diesen Tag zu erwarten, als
so viele Tausende, welche in dieser Nacht
von ihrem Schicksale übereilet worden sind;
denen der Schlaf zum Tode, die Zeit zur E=
wigkeit geworden ist, die entschlafen sind,
um nimmermehr das Sonnenlicht wieder
zu sehen, und nicht eher erwachen werden,
als bis diese Sonne nicht mehr seyn wird.
Ach ihr! die ihr gestern noch waret, was ich
heute bin, Einwohner der Körperwelt,
und itzt seyd, was ich, wer weiß, wie bald?
auch seyn werde, Bürger der Geisterwelt!
Ach ihr! unter welchen vielleicht viele mit
Anschlägen schwanger giengen, welche die
heutige Sonne zur Reife bringen sollte,
aber der plötzliche, der unvermuthete To=
desschlag ersticket hat! Ihr! die ihr den

Schau=

Schauer der ernſten Stunde gefühlet, den man nur einmal fühlen kann, und itzt aus Erfahrung wiſſet, wie ſterben thut! Ihr, die ihr itzt empfunden, was Ewigkeit heiße; und deren viele wohl gar an ihrer Würk=lichkeit bis an den letzten Augenblick gezwei=felt, in welchem ihr eiſerner Arm nach euch gegriffen, euch erwiſchet, und in die Ab=gründe ihres Oceans mit unwiderſtehlicher Gewalt, augenblicklich verſenket hat. Eu=re vielleicht kaum erſtarreten Leichen ſollen meine Lehrer ſeyn. Eure erblaßten Lippen ſollen mit Weisheit predigen. Ihr ſeyd dahin, wohin ich euch heute, oder morgen unfehlbar, folgen muß. Der Ocean hat euch in ſeinem unermeßlichen Schooße verſchlun=gen, an deſſen ſchlüpfrigem und gähem Ufer ich mit ungewiſſen Tritten ſchwindelnd noch herumirre. Euer Schickſal iſt nunmehr feſtgeſetzet. Der Finger Gottes hat euer Urtheil in die eherne Tafel der Ewigkeit ge=ſchrieben. Eine unauslöſchliche Schrift!

Mein

Mein Schicksal ist noch ungewiß. Noch steht es in meinen Händen, oder vielmehr in den deinen, mein GOtt! und mein Vater! Ich lebe noch, um mich zu dem Glücke eines ewigen Lebens fähig zu machen. Ich höre noch die ruffende Stimme deiner Langmuth. Ich will sie nicht vergeblich hören.

Ich eile zu den Geschäfften dieses Lebens. Ich will sie verrichten, ohne mich von dir zu entfernen. Nichts zu thun, ja, mir keinen Gedanken zu verstatten, wodurch ich dir mißfallen könnte, ist mein ernstlicher Vorsatz. Die Vergnügungen, welche deine Güte mir heute schenket, will ich, als Proben deiner Gnade, zu Triebfedern der Gottseligkeit heiligen. Ich will einen Bund mit meinen Sinnen machen, daß die Scheingüter der Erde mich nicht blenden sollen. Alle Neigungen meines Herzens sollen dir allein gewidmet seyn. Allwissender Gott! du kennest mein Herz, und du prüfest mich. Ich vertraue auf den Beystand deiner Güte,

wenn

wenn mich die Kenntniß meiner Schwäche
kleinmüthig machet. Verhüte ſchwere Ver‐
ſuchungen! Vergib Fehler, welche ein
redliches Herz aus Uebereilung begeht!
und laß mich nicht in Sünden fallen,
welche mich der ewigen Glückſeligkeit
berauben können. Ich kenne kein gröſſe‐
res Glück, als dich zum gnädigen GOtt
zu haben; ich werde nie anders als ſo,
denken.

Drittes Stück.

Der Ewige.

Du haſt vorhin die Erde gegründet, und die Himmel
ſind deiner Hände Werk. Sie werden vergehen,
aber du bleibſt. Sie werden alle veralten, wie
ein Gewand; ſie werden verwandelt, wie ein Kleid,
wenn du ſie verwandeln wirſt. Du aber bleibſt,
wie du biſt, und deine Jahre nehmen kein Ende.

Der Begriff eines Schöpfers und eines
ewigen Weſens ſind ſo unzertrennlich
mit einander verknüpfet, daß es unmöglich
iſt, den erſten Begriff für wahr zu erken‐
nen, ohne zugleich ſich gezwungen zu finden,
die

die Wahrheit des andern zuzugeben. Die Ewigkeit des Wesens schleußt sowohl den Begriff eines Daseyns ohne Anfang, als eine Fortdauer ohne Ende in sich, und alle beyde kommen dem Schöpfer aller Dinge nothwendig zu. Die Ursache muß eher, als ihre Wirkung seyn. Der Schöpfer aller Dinge muß eher, als alle Dinge, gewesen seyn. Es läßt sich kein Zeitpunct gedenken, von welchem man sagen könnte: hier fieng der Schöpfer aller Dinge an, zu seyn. So bald man einen Punct der Zeit als den ersten seines Daseyns annähme, so müßte man auch einen vorhergehenden zugeben, in wel= chem er nicht gewesen, sondern in dem nach= folgenden allererst entstanden wäre. Und woher wäre er erstanden? Welche Kraft hätte sein Daseyn gewirket? Außer ihm war nichts, sonst wäre er der Schöpfer al= ler Dinge nicht. Er wäre also entstanden, ohne eine Ursache seines Entstehens zu ha= ben; und das Daseyn dessen, der der Grund

vom Daseyn aller Dinge ist, wäre selbst in
nichts gegründet.   Welch ein Unsinn!

Nein! mein Schöpfer ist, und er ist ewig.
Er war, ehe die Sonne brannte, ehe Geister dachten.   Er ist durch sich selbst.   Sein
Daseyn gründet sich in seinem Daseyn.   Er
ist, weil er ist.   Er ist aus sich selbst, was
er ist.   Er, das Wesen, aller Wesen; er,
der nur allein mit völligem Nachdrucke den
Namen eines Wesens trägt; ist alles, was
er ist, mit einmal, und bleibt alles, was er
ist, ohne einige Veränderung.   Zufall und
Wechsel sind seiner Natur zuwiderlaufende
Dinge. Er kann an Grösse nicht zunehmen;
denn sonst wäre er nicht unendlich groß.   Er
kann an Grösse nicht abnehmen; denn die
Unendlichkeit seiner Eigenschaften gründet
sich in seinem Daseyn, und ist mit seinem
Wesen unzertrennlich und nothwendig verknüpfet.   Er wird in alle Ewigkeit seyn,
und in alle Ewigkeit so groß und so vollkommen seyn, als er von Ewigkeit gewesen ist.
Der

Der Begriff der Zeit und der damit verbun=
dene Begriff der Veränderlichkeit hat, in
Ansehung seiner nicht statt. Er ist der Ewige
und der Vater der Ewigkeit. Er ist vor
unendlichen Jahrhunderten gewesen. Er
wird nach unendlichen Jahrhunderten noch
seyn; und dennoch kann man den Begriff
der Dauer mit seinem Daseyn nicht verknü=
pfen. Millionen Jahre Zusatz verlängert
dasselbe nicht; eben so viel davon abgerech=
net, verkürzet es nicht.

Wem vergehen hiebey nicht alle Gedan=
ken? Kein erschaffener Geist kann den Uner=
schaffenen denken; und wie will ich, dessen
Tage kaum einer Hand breit sind, die Unend=
lichkeit des Ewigen fassen? Ich nehme den
grössesten Zeitraum, welchen ich auf einmal
denken kann. Ich verdopple ihn mit Millio=
nen, und abermal Millionen. Ich bringe eine
Summe heraus, die in Ansehung meiner un=
endlich ist. So viel Sandkörner fasset das
Firmament nicht, als ich Millionen Jahr=
hun=

hunderte gedenke. Diese mir undenkliche
Summe reichet noch nicht zu, um nur ein
Maaßstaab für die Dauer des Ewigen zu
seyn. Wenn auch alle Geister, welche jemals
gedacht haben, sich in ähnlichen Bemühungen mit mir vereinigten, so würden wir doch
nichts mehr, um den Ewigen zu begreifen,
ausrichten können.

Ich will mit stiller Bewunderung den
anbethen, den ich nicht begreifen kann. Er,
der Ewige, soll der Gegenstand meines
Nachdenkens seyn. Auf ihn will ich meine
Blicke richten: nicht in der Absicht, um seine Unendlichkeit zu ergründen. Gotteslä-
sterung oder Raserey würden die gelindesten
Namen seyn, welche man einem solchen
Unternehmen beylegen könnte. Nein! ich
will nur empfinden, wie unendlich der Ewige ist; um desto lebhafter zu fühlen, wie niedrig ich selbst bin.

Ich sehe mit Erstaunen in den Himmel.
Mir schwindelt bey dem Anblicke eines Ge-
wöl-

wölbes von unendlichem Umfange, welches von den mächtigen Händen des Ewigen
aufgeführet ist, und für die Ewigkeit gebauet zu seyn scheint. Mein Geist verliert
sich in dem unermeßlichen Felde dieser Schöpfung. Dannoch dieser Himmel mit seinen
Sternen wird allmählich vergehen. Aber
du, Ewiger! und nur allein du, bleibst, wenn
die Sonne veraltet und das Weltgebäude
sich verwandelt, so bleibst du, wie du bist,
und deine Jahre nehmen kein Ende. Du
ewiger Vater! schauest von deinem tief in
die Ewigkeit gegründeten Throne, mit si-
cherer Majestät, das Entstehen und das
Vergehen der Welt an, mit eben so weniger Veränderung, als die Sonne von
den Insecten leidet, welche sie in heissen
Sommertagen bey ihrem Aufgange gebohr-
ren werden, und noch vor ihrem Untergange sterben sieht.

Und was müssen denn vor dir! dem E-
wigen! meine Tage seyn? Die Augenblicke,

cke, ſeit welchen ich bin, und in welchen ich
etwa noch ſeyn werde? Wie nichts! wie
ſo gar nichts müſſen ſie vor dir ſeyn? Ich,
deſſen Leben kaum die Länge einer Spanne austrägt! Ich, deſſen ganzes Daſeyn
nicht dem zehnten Theile der Zeit gleich
kömmt, welche eine Eiche zu ihrem Wachs-
thume brauchet! Ich gegen deſſen Dauer
die Dauer dieſes Baumes eine Art von E-
wigkeit iſt! Ich, ſo klein ich bin, ſo ſehr ich
fürchten muß, mich unter den Inſecten zu
verlieren! Ich bin, dem allen ungeachtet,
doch groß genug, um es zu denken, daß die
Dauer ganzer Weltgebäude gegen die deinige wie nichts iſt.   Ja! Ich bin, (und dieſes
habe ich, ewiger Vater! deiner Gnade zu
danken) ich bin groß genug, mir eine Dauer, wie die deinige, in der Zukunft, zu
wünſchen, ſie zu hoffen, und Anſprüche auf
die Ewigkeit zu machen.   Dieſe Sonne will
ich ausbrennen ſehen. Wenn auch dieſer noch
viele tauſend folgen ſollten, würden ſie doch
ihren

ihren Lauf so spät nicht vollenden, daß ich
nicht noch ein Zuschauer davon seyn sollte.
Ich will das Ende noch sehen, und dich, den E-
wigen, loben. Meine Niedrigkeit soll dich
erhöhen, und dieser Gedanke soll mich schon
zu dir erheben. O Welt, voll Pracht!
voll Herrlichkeit! du bist zu wenig, mich
zu reizen, zu wenig, wenn du nicht ewig
seyn kannst. Noch viel weniger werden mich
deine Reizungen bezaubern, Erde, meine
niedrige Wohnung! mein Körper tritt dich,
und mein Geist deine Schätze, mit Füssen.
Der Ewige beut mir seine Gnade an, und
nun sind in meinen Augen alle Schätze der
Erde Staub. Der Ewige hat mich dazu
bestimmt, ewig zu seyn, und nun halte ich
alle Wünsche meiner für unwürdig, deren
Gegenstand nicht etwas Ewiges ist.

Viertes Stück
Abendgedanken.
Lehre uns bedenken, daß wir sterben müssen, auf
daß wir klug werden.

Abermal ist von meinen Tagen ein Tag
da-

dahin. Um ſo viel Schritte, als der=
ſelbe Augenblicke gehabt, bin ich der Ewig=
keit näher gekommen. Vielleicht iſt dieſes
gar der letzte, welchen ich in dieſer Welt zu
leben habe. Die herannahende Nacht heißt
mich die Geſchäffte des Lebens beſchlieſſen,
und die Ruhe ſuchen: und wer weiß? wird
dieſe Ruhe, nach welcher ſich meine ermü=
deten Glieder ſehnen, nicht der Anfang zur
ewigen Ruhe ſeyn? Und wenn dieſes ſeyn
ſollte, was für ein Loos wartet dann in der
Ewigkeit auf mich? Wenn in dieſer Nacht
GOtt meine Seele von mir forderte, würde
ich alsdann wohl geſchickt ſeyn, vor ihm,
dem Richter aller Welt, zu erſcheinen?
Wie wird mir? mein Herz empöret ſich bey
dieſer Frage. Ein kaltes Schrecken läuft
durch meine Adern. Traurige Ahndungen
ſteigen in meiner Seele auf, und erfüllen
mein Gemüth mit ängſtlicher Unruhe. Um=
ſonſt zeiget mir eine ſchmeichleriſche Hoff=
nung die angenehme Ausſicht in noch viele
künf=

künftigen Tage. Umsonst fühle ich mich
gesund und bey Kräften. Wie wenig hierauf
mit Grunde zu bauen sey, lehren mich täg=
liche Erfahrungen. Ob ich morgen noch
seyn werde, solches beruhet auf ein unge=
wisses Vielleicht: und auf dieses ungewisse
Vielleicht soll ich das Glück einer Ewigkeit
ankommen lassen? Nein, so unangenehm
auch immer die Vorstellung des Todes mir
seyn mag; ich will, ich muß mich überwin=
den. Mein Herz mag hierbey immer unru=
hig werden. Von einer genaueren Unter=
suchung und Auflösung dieser Frage hängt
meine wahre Ruhe zu sehr ab, als daß ich
mich, was es auch seyn möchte, davon soll=
te abhalten lassen.

Was ist der Tod, dessen bloße Vorstel=
lung mein Gemüth in solche Verwirrung
setzet? Das Ende meines hiesigen, und der
Anfang eines künftigen besseren Lebens.
Der zweyte Auftritt, in welchem ich eine
bessere Rolle, als in dem ersten, zu spielen
hoffe.

hoffe. Hier iſt die Morgenröthe meines Daſeyns. Jenſeit des Todes iſt der volle Tag.
Hier iſt der Zuſtand der Kindheit. Dort der
Stand des reiferen Alters. Hier lerne ich
glücklich ſeyn können; dort bin ich wirklich
glücklich. Was hat dieſer Begriff ſchreck-
liches? Es iſt natürlich, ſaget man, den
Tod zu fürchten. Ich finde es unnatürlich,
ihn nicht zu wünſchen. Indeſſen kann ich
mir ihn nicht nahe denken, ohne beſtürzt zu
werden. Was für Widerſprüche in mir
ſelber! Ich will glücklich ſeyn. Nach den
Begriffen, welche ich vom Tode habe, kann
ich nur durch ihn vollkommen glücklich werden. Ich fürchte ihn aber, gleich als wenn
er mein ärgſter Feind wäre. Habe ich es
vergeſſen, daß ich durch ihn den Anfang eines vollkommeneren Zuſtandes erwarte?
oder habe ich dieſes niemals für gewiß ge-
glaubet? Aber was könnte ich wohl für
Gründe haben, um daran zu zweifeln? Iſt
mein Daſeyn ein Werk der allmächtigen
Gü-

Güte, so kann die Vernichtung unmöglich//
mein letztes Ziel seyn; so muß die Verände=
rung, welche im Tode mit mir vorgeht, ei=
/ne Verbesserung für mich seyn. Aber viel=
leicht finde ich meinen hiesigen Aufenthalt so
angenehm, daß ich mich nach keiner Ver=
änderung sehne, bey welcher ich diesen ver=
liehren muß? Mein Unglaube kömmt wohl
gar aus dem Herzen? zu sehr verdun=
kelt durch das Gegenwärtige hat das Zu=
künftige keine Reizungen für mich. Mein
durch gar zu viele und zu starke Bande an die
Erde gefesseltes Herz fühlet Schmerzen bey
jeder Vorstellung des Todes, welche es da=
von losreissen will. Und was sind es für
Bande? Entwürfe, welche ich mir von ei=
ner seynsollenden und selbst erfundenen
Glückseligkeit mache. Eingebildete Hoff=
nungen, welche sich auf nichts, als auf mei=
ne Wünsche gründen, auf Wünsche, wel=
che meine Seele sich selbst zu verhöhlen su=
chet, und welche doch nur gar zu oft die

C   Trieb=

Triebfedern meiner Handlungen sind. Ja, ich fühle mich. Dieses ist die wahre Quelle meiner Unschlüßigkeit und meiner Zweifel. Mein Verstand ist von der Zukunft überzeugt. Die Vernunft redet mir mit Gründen zu, welchen ich nichts entgegen zu setzen habe. Aber das Herz widersetzet sich. In ihm halten die Leidenschaften einen Rath. Ihr ungestümmes Gelärme unterdrücket die Stimme der Wahrheit. So lautet ihre geheime Sprache: wenn ich doch in der Welt mein Glück noch weiter bringen könnte? Und warum sollte ich es nicht können, da es so vielen andern möglich gewesen ist? Was hindert mich? mich höher empor zu schwingen? zu grösseren Ehren zu gelangen! mehr Schätze zu erwerben! mit mehr Ansehen und Bequemlichkeit in der Welt zu leben? Was fehlete meinem Glücke; wenn ich dieses oder jenes Vergnügen noch erleben, an dieser oder jener Sache meine Freude sehen könnte? Alsdann wäre es Zeit, an das

Künf-

Künftige zu gedenken! Dann wollte ich ger=
ne sterben: Was für unbesonnene Wünsche!//
Bin ich denn auch gewiß, daß ich lange ge=
nug leben werde, um meinen Zweck zu er=
reichen? Und wenn ich ihn erreiche, wenn
meine Anschläge gelingen, bin ich denn ge=
wiß, daß diese gehoffte Glückseligkeit mir
in der Nähe das seyn werde, wofür ich sie in
der Ferne gehalten habe? Und wenn das ist,
bin ich dann sicher, daß aus diesen erfüllten
Hoffnungen nicht noch wieder neue erwach=
sen werden? Und wenn ich auch davon ge=
wiß seyn könnte; würde mir mein zufriede=
ner Zustand, in welchem ich mich alsdann
befände, den Tod nicht noch schrecklicher
machen, als er mir itzt ist, da ich weniger
durch ihn verlieren kann? Wann werde ich
doch klüger werden? Hundertmal haben
mich schon Hoffnungen von dieser Art betro=
gen. Hundertmal habe ich es schon bereuet,
solche kindische Entwürfe gemacht zu haben;
und doch falle ich immer in dieselbige Thor=
heiten wieder zurück.   Der

Den nächſt abgeſchiedenen Tag, wie habe ich ihn zugebracht? Zwar nicht müßig, nicht ohne beſchäfftiget zu ſeyn! Aber womit habe ich mich beſchäfftiget? Was habe ich zu meiner Glückſeligkeit oder zu meiner Vollkommenheit, und was zur Glückſeligkeit oder Vollkommenheit meines Nächſten beygetragen? Glücklich zu ſeyn; das Glück meines Daſeyns zu empfinden; in ruhiger und dankbarer Zufriedenheit die Güter zu genieſſen, welche mir die göttliche Güte giebt; und voll freudiger Hoffnung an meinem zukünftigen Glücke durch einen vernünftigen Gebrauch des gegenwärtigen zu arbeiten; iſt die Abſicht meiner Schöpfung. Meinem Nächſten zu nutzen; ein vergnügter Zeuge ſeines Glückes, und wenn ich es kann, ein Schöpfer deſſelben zu ſehn; iſt mein Beruf. Und es hat mir an nichts gefehlet, was mich in den Stand ſetzen konnte, deinſelben ein Gnüge zu leiſten. Ein geſunder Leib, ein munteres Gemüth, nebſt einem

einem Ueberflusse an Unterhalt und Be=
quemlichkeit; sind Vorzüge, welche ich
heute vor Tausenden, und abermal Tausen=
den genossen habe. Aber wie habe ich mir
diese Güter zu Nutze gemacht? Itzt fällt es
mir zum erstenmale bey, daß ich heute den
ganzen Tag der glückliche Besitzer dieser
Schätze gewesen bin. Unempfindlich für
mein heutiges Glück habe ich, voll geschäff=
tiger Unruhe, für ein morgendes gesorget,
von welchem ich nicht weiß, ob ich es erle=
ben werde; aber gewiß bin, daß; wenn ich
morgen nicht besser, als heute, denke, ich
es eben so wenig, als das heutige, empfin=
den werde. Die Hand der höchsten Güte
hat die Schätze, deren Besitz sie mir heute
verliehen, gegen einen Undankbaren und
Unempfindlichen verschwendet. Ich habe
mich ihrer völlig unwürdig gemacht, da ich
sie nicht gebrauchet habe; und wollte GOtt!
ich hätte sie nur nicht gemißbrauchet! Krän=
kender Gedanke! der mein Innerstes mit den
C 3 em=

empfindlichsten Stichen durchbohret! Darf
es mich noch wundern, wenn mich der Ge=
danke des Todes beunruhiget? Kann ich
wohl ohne Verwirrung an eine Zeit gedens
ken, wo man Rechnung von meinem Haus=
halten fordern wird? Da ich mich meines
gegenwärtigen Glückes so schlecht bedienet
habe; kann ich mir wohl mit Grunde auf ein
grösseres in der Zukunft Hoffnung machen?

Wie viel Recht hast du nicht, gütiger
Vater! mir deine Gnade zu entziehen? Die
Wahrheit dringt mir das Geständniß ab,
daß ich ihrer unwerth bin. Deine väterliche
Huld wirket zu meinem Glücke; aber sie
wirket umsonst. Meine Thorheit machet
ihre Bemühungen zu meinem Heil frucht=
los. Ich misbrauche die Mittel, welche
du mir zum Glücke schenkest, zu meinem
Verderben. Mit wie vielem Rechte wird
mir künftig deine Weisheit die Schätze ent=
ziehen, welche ich nicht genutzet habe. Ich
kann fast nicht ohne Lästerung um die Fort=
setzung

setzung deiner Wohlthaten flehen, welche ich bisher gemißbrauchet habe. Dieses Bitten hieße Bitten, daß du, der Richter aller Welt! ungerecht handeln solltest. Nein! ich erkenne meine Schuld. Ich habe den Verlust deiner Gnade verdienet. Ich fühle die Grösse dieses Verlustes mit den empfindlichsten Kummer. Heute suchte ich Gelegenheit zu Sorgen und Unruhe, da ich an allen Seiten von deiner Huld umgeben war. Mitten in deinem Lichte wandelte ich in selbstgewählter Finsterniß. Itzt trifft mich die Strafe meines Verbrechens. Die Ursache ist nur gar zu gerecht, welche mich itzt bekümmert machet. Aber, ewiger Vater! du bist ja die Liebe selbst. Deine Güte kennet keine Gränzen. Ich erkenne meine Thorheit beschämt und voll Reue. Ich erkenne sie so lebhaft; ich sehe sie in einem so schrecklichen Lichte, daß es mir unmöglich scheint, wieder auf das neue in dieselbige fallen zu können. Wie, wenn Besserung erfolgte?

wür=

würde nicht auch bey dir Vergebung ſeyn?
Würde nicht eine ernſtliche Buſſe von dir als
ein Löſegeld für meine heutigen Fehler ange=
nommen werden! Ja, ich werde noch leben,
um deine Güte zu preiſen. Ich habe ein
Recht, deine Gnade zu hoffen; weil ich den
feſten Vorſatz habe, ſie wohl anzuwenden.
Da indeſſen vor deinen allſehenden Augen
auch das Verborgene meines Herzens offen=
bar iſt: wenn deine Weisheit es nothwendig
findet, meine Beſſerung durch Strafen zu
befördern und mich klug durch Schaden zu
machen! o! ſo ſeyn mir deine Züchtigun=
gen geſegnet! ich will in deinen gerechten
Strafen den Vater erkennen, welchen ich
in dem Ueberfluſſe der Glückſeligkeit ver=
kannt habe.

Welch eine ungewöhnliche Heiterkeit er=
hellet mein Gemüth? Ruhe und Friede
kehren wieder in meine Seele zurück. Eine
heitere Freude, eine Freude von ganz an=
drer Art, als die flatterichten Freuden des
Ta=

Tages, verbreitet sich durch mein ganzes Wesen. Kann der blosse Vorsatz mich zu bessern, ein so lebhaft Vergnügen in mir wirken; wie göttlich groß wird die himmlische Lust seyn, welche das Bewußtseyn einer geprüften und beständigen Tugend in mir hervorbringen wird? Der Himmel freuet sich über meine Reue. Ach! wenn er sich erst über meinen Wandel freuete! Sein Mitleid beruhiget mich schon. Wie würde mich sein Beyfall entzücken! Forthin soll mein tägliches Bestreben dahin gehen, mich desselben würdig zu machen. Tod! mein finstrer aber gründlicher Lehrer! deinem Unterrichte habe ich diese Entschliessungen zu danken, welche mich diesen Abend beruhiget haben, und noch manchen Abend erfreuen sollen. Ja, dir habe ich eine Glückseligkeit zu danken, welche noch dauren wird, wenn auch du selbst nicht mehr seyn wirst. Alle meine Tage will ich künftig damit beschliessen, daß ich dir Rechenschaft von meinen Handlun=

lungen gebe. Nie will ich künftig die Ruhe
ſuchen, ehe ich vertraue, daß ich gut mit
dir ſtehe, und von dir nichts zu fürchten
habe.

Itzt überlaſſe ich meine Glieder der Ruhe;
unbeſorgt, ob ich in dieſer Welt oder in je=
ner wieder erwachen werde. Ich ſchlafe
unter dem Schutz des Allmächtigen, und
bin, es kömme wie es will, allenthalben in
ſeinen Händen. Deiner gnädigen Obhut,
mein GOtt und Vater! ſey mein Leib und
meine Seele befohlen! Auf dich vertrau=
end, fürchte ich kein Unglück. Der letzte
Gedanke, deſſen ich mir bewußt bin, hat
dich zum Gegenſtande; und der erſte des
morgenden Tages ſoll dir geheiliget ſeyn.
Ich entſchlafe, indem ich an dich gedenke;
und wenn ich erwache, bin ich bey dir!

Fünf=

Fünftes Stück.
Der Allmächtige.

Er spricht, so geschiehts! Er gebeut, so steht es da.

Das erste, was das Auge eines Weisen bey aufmerksamer Betrachtung der Schöpfung in allen Theilen ihres weitläuftigen Bezirkes mit einem jeden Blicke entdecket, ist die unbegreiflich grosse Macht ihres Urhebers. Alles, was wir sehen und hören; alles, was wir durch irgend einen von unsern Sinnen empfinden; ist eine Wirkung von der Macht, welche dem Wesen des Schöpfers eigen ist. Der unermeßliche Umfang des Himmels mit allen seinen Sternen; unsre Sonnenwelt mit allen ihren Planeten; die Erde mit allen ihren Einwöhnern; mit einem Worte: die ganze Geister- und Körperwelt mit allen ihren Kräften hat ihr Daseyn dieser Macht zu danken. Durch sie leuchtet die Sonne, leben die Thiere, und denken die Geister. Sie erhob die Welt aus dem Nichts; sie erhält die Welt in ihrem
Da-

Daſeyn. Ohne ſie wäre die Welt nicht entſtanden. Ohne ſie würde die Welt augenblicklich aufhören zu ſeyn. Ihre Kraft verbreitet ſich durch das ganze Reich der Weſen, und belebet den kleinſten Theil der Schöpfung ſowohl, wie das Ganze. Sie iſt eine und dieſelbe in der ganzen Natur, und nur unterſchieden in den äuſſerlichen Wirkungen. Sie leuchtet in den Lichtſtralen; ſie wärmet in dem Feuer; ſie ſinkt in ſchweren Körpern; ſie ſteigt in den leichten. Sie beweget ſich, und widerſteht in allen. Sie denkt in dem Erzengel, empfindet in dem Thiere, wächſt in der Pflanze, und lebet in allen dreyen. Alles iſt durch ſie, und alles beſteht in ihr. Sie giebt das Weſen allen Dingen, und alle Dinge ſind verſchiedentliche Wirkungen von einer und derſelben Urſache.

Welche Tiefen? Wo iſt der Geiſt, deſſen Blicke ſcharf genug ſind, um bis auf den Grund derſelben durchzuſchauen? Wer kennet

net das Wesen dieser unbegreiflichen Eigen=
schaft? Wer kann mir sagen, was die All=
macht eigentlich ist; wie dieselbe in dem
Schöpfer ist; und auf was für eine Art sie
in die Geschöpfe wirket? Umsonst vereinen
die Einwohner des Himmels und die Bür=
ger der Erde ihre Kräfte zur Auflösung die=
ser Fragen. Der Säugling und der Erz=
engel sind in diesem Stücke gleich unwis=
send. Was die Allmacht ist, weiß nur der,
der sie besitzt. Wie die Allmacht in dem
Schöpfer ist, weiß nur der, der sie empfin=
det. Auf was für eine Art die Allmacht in
die Geschöpfe wirket, weiß nur der, der sie
gebrauchet. Das Wesen der Allmacht ken=
nen und allmächtig seyn ist einerley, und
kömmt nur allein dem Schöpfer zu.

Ich ziehe mich in die Gränzen zurück,
welche mir, als einem Geschöpfe, gesetzet sind.
Wer will, mag sich in die Höhen versteigen.
Der Allmächtige denke den Allmächtigen
und begreife ihn. Ich begnüge mich, ihn
an=

anzubetten. Eine demüthige Empfindung meiner Schwäche und ſeiner Stärke iſt alles, was mir erlaubt iſt, und alles, wozu mir die Kenntniß des Allmächtigen nützlich ſeyn kann. Und zu dieſet Kenntniß, wie leicht kann ich dazu gelangen? Die ganze Natur iſt von den Wirkungen der Allmacht voll, und es hat faſt das Anſehen, als ob der Allmächtige einen Abdruck dieſer unbegreiflichen Eigenſchaft in mich ſelber habe legen wollen. Wenn etwas in der Natur iſt, was der Allmacht ähnlich zu ſeyn ſcheint, ſo iſt es die faſt unumſchränkte Macht, welche meine Seele über meinen Körper hat. Alle Sinnen und Glieder deſſelben ſtehen ihr zu Befehl. Kaum will ſie, daß ſich ein Glied regen ſoll, ſo wird in dem Augenblicke ihr Wille vollzogen. Sie darf nur denken, und gleich als wenn ihre Gedanken ſo viele wirkende Kräfte wären, ſo geſchieht, was ſie gedacht hat. Zwiſchen ihren Befehlen und der Ausübung derſelben geht gar keine Zeit ver=

verlohren. Ich denke, daß ich sehen, daß
ich hören, daß ich mich bewegen will: und
in dem Puncte der Zeit, da ich dieses gedenke, sehe ich, höre ich, bewege ich mich wirklich. Eben das, was meine Seele in Absicht auf meinen Körper ist, ist GOtt in Absicht auf das ganze All. Er will, daß etwas werden soll, und es wird. Die Sonne soll brennen, und sie brennet. Ein Thier soll leben, und es lebet. Ein Geist soll denken, und er denkt. Eben so schnell, wie der Gedanke in meiner Seele auf alle und jede Glieder meines Körpers wirket, so wirket der Gedanke des Allmächtigen auf das ganze Gebieth der Natur. Ob schon gegen die schnelle Bewegung des Lichtes selbst die Blitze langsam sind, so brauchet dasselbe doch Zeit. Die Allmacht nicht. Denken und Thun ist bey ihr eins. Der Allmächtige spricht, und es geschieht! Er gebeut, und es steht da. Kann ich, der ich die Art, auf welche meine Seele ihre Macht über meinen
Kör=

Körper beſitzt und ausübet, keinesweges
einzuſehen im Stande bin, mich wohl mit
Recht verwundern, wenn mir die unendlich
höhere Macht des Schöpfers auf alle Weiſe
unbegreiflich iſt? Wie unausſprechlich
klein, wie faſt gar nichts iſt das Verhältniß,
welches mein Körper gegen das ganze All
hat? Der Unterſchied zwiſchen einem Tropfen und dem Weltmeere, zwiſchen einem
Augenblicke und der Ewigkeit, ſo undenk-
lich groß er auch für ſich iſt, verſchwindet
faſt gänzlich, in Vergleichung mit dem,
welchen ich zwiſchen meiner Macht und der
Allmacht antreffe. Ja, kann ich noch wohl
mit Recht meiner Seele eine Macht zueig-
nen? Die Kraft, welche ſie gebrauchet, iſt
ein Darlehn, und nicht ihr eigen. Sie kennet die Natur derſelbigen nicht. Sie iſt ihr
fremde, und nicht einmal der Gebrauch deſ-
ſelbigen iſt ihr Eigenthum: derſelbe hängt
von Mittelurſachen ab, welche ich nicht
weiß, und von welchen ich noch vielweniger
der

der Urheber bin.   Indem ich meine Glieder
bewegen will, und wirklich bewege, bin ich
mir nicht im geringsten einer Kraft bewußt,
welche ich etwa zu diesem Endzwecke an=
stränge.   Es geschieht, was ich will, oh=
ne daß ich selbst weiß, wie es zugeht. Meine
Kraft hat kein eigenthümliches Wesen; sie
ist nur eine Wirkung, und gleichsam ein
Ausfluß von der Allmacht.   Die Kraft
selbst, welche meine Seele besitzt, ist ein
Beweis, daß der Schöpfer allmächtig ist,
und daß ich gegen ihn nichts bin.

Alle Kräfte der ganzen Natur zusammen
genommen, haben eben dasselbige Verhält=
niß zu der Allmacht, das ist, gar keines.
Sie sind nur ein Schattenbild von der Macht
des Unendlichen, in welcher sie ihren Grund
haben, und durch welche sie erhalten wer=
den.   Der Wink des Allmächtigen regieret
sie.   Was wir in der Natur groß oder klein,
stark oder schwach nennen, ist, in Absicht
auf den Allmächtigen, nichts, als was er
D   will,

will, daß es ſeyn ſoll. Staub, Luft, Dün=
ſte, ſind unwiderſtehliche Werkzeuge zur
Zerſtöhrung alles deſſen, was die Schö=
pfung mächtiges hat, ſo bald es der All=
mächtige will. Wie furchtbar iſt ein König
an der Spitze eines mächtigen Heeres von
Helden, welche ſich nur nach ſeinem Winke
bewegen? Er ſpricht, und hundert tauſend
Schwerdter blitzen. Er zieht aus, die Er=
de zu erobern. Der Glanz ſeiner Waffen
ſcheint in den Wolken wieder. Vor ihm
geht das Schrecken her, und die Verwü=
ſtung folget ihm nach. Heere fliehen vor
ſeinem Anblicke. Jeder ſeiner Schritte iſt
ein Sieg. Völker zittern vor ihm; Natio=
nen bücken ſich unter ſein Joch, nur noch zu
glücklich, ſeine Sklaven ſeyn zu dürfen. Der
Ruf von ſeinen Eroberungen iſt ſchon bis an
die Ende der Erde durchgedrungen, und hat
zum voraus das äuſſerſte der Gränzen errei=
chet, welche er ſeinen Siegen geſetzet hat.
Er erreichet die Wüſte Arabiens. Der
Man=

Mangel eines Widerstandes, der seiner
Macht würdig wäre, entrüstet ihn. Der
Stolz verwandelt den Zorn in Wuth, und
wüthend lästert er den Allmächtigen. Der
Allmächtige sieht seinen Hochmuth. Sein
Hauch erreget das Sandmeer der Wüste-
neyen. Plötzlich verfinstert sich der Himmel. Der Tag verschwindet. Sandberge
bedecken den Stolzen. Er und sein Heer er-
sticken im Staube. Ein Augenblick sieht
ihn und seine Hunderttausende vernichtet,
und ihre Stätte ist nicht mehr. = = = Sie brau-
set durch die Fluthen daher, jene schreckliche
Flotte, oder vielmehr das furchtbare Heer
schwimmender Schlösser. Sie heißt auf
Erden die Unüberwindliche, und sie heißt
es, dem Ansehen nach, mit Recht. Das
Weltmeer weicht unter ihrer Last. Mächtige Winde befördern nur langsam ihren ma-
jestätischen Gang. Sie zieht, gleich schwe-
ren Gewittern, gerades Weges auf die vom
Himmel geliebte Insel zu, auf die glückliche

Insel,

Inſel, deren edle Einwohner vor allen andern Einwohnern des Erdbodens darum allein das Recht haben, frey zu ſeyn, weil ſie allein das Herz haben, es ſeyn zu wollen. Sie drohet und dieſe Drohung hat gar nicht das Anſehen der Verwägenheit, ſie drohet, dieſe Inſel zu verſchlingen. Nie hat Britannien ſeinem Untergange ſo nahe geſchienen, als itzt. Menſchen halten ſeine Rettung für unmöglich. Aber der Himmel nicht. Der Allmächtige blies und zerſtäubete die Unüberwindliche wie Spreu, welche der Wind zerſtreuet. Ihre ſchrecklichen Trümmer hangen an den Felſenſpitzen, oder bedecken die Sandbänke mit gewaltigen Ruinen. === Alle Nationen des Erdbodens klagen, und beyde Welten weinen. Sie iſt nicht mehr, die Königinn der Städte: Liſſabon iſt dahin. Vormals war ſie die Gränzſtadt der alten Welt, die Bewunderung der neuen, und durch ihre Reichthümer und Lage die Hauptſtadt von beyden.

Sie

Sie war auf Bergen gegründet, welche an
einem Tage mit der Zeit gebohren wurden,
und deren Wurzeln sich in den Abgründen
des Oceans verliehren, welcher zwo Wel=
ten zu gleicher Zeit verbindet und trennet:
auf Bergen, welche unerschüttert blieben,
da ein Welttheil untergieng, da Atlantis
(*) versank, und der arbeitende Ocean das
mittelländische Meer gebahr. Die Spitzen
ihrer Thürme verlohren sich in den Wolken,
und die stolzen Höhen ihrer geraumen Pal=
läste waren von weitem das glänzende Ziel,
auf welches täglich tausend Segel zueileten,

D 3

wel=

(*) Zu den Zeiten des Plato war es eine gemeine
Sage, daß ehedem in dem atlantischen Welt=
meere, zwischen Portugall und Amerika, eine
Insel, mit Namen Atlantis, welche etlichemal
grösser, als Europa, und völlig bewohnt gewe=
sen, in weniger als 24. Stunden durch ein Erd=
beben gänzlich versunken sey. Vielleicht geschah
es zu eben der Zeit, oder es war vorher gesche=
hen, da das Weltmeer bey Gibraltar durchbrach,
und die ganze Strecke von Thälern ersäufte, wel=
che heutiges Tages das mitteländische Meer be=
decket, unter dessen Gewässern also leicht ein du=
tzend Königreiche begraben liegen könnten.

welche ihr aus allen Welttheilen reiche Laſten zuführeten.   Sie war der Mittelpunct des Handels, und der allgemeine Sammelplaß der Nationen.   Auf ihren Märkten bothen beyde Indien ihre Schätze feil.   Sie war das Schatzhaus des Erdbodens, deſſen Reichthümer in einer immerwährenden Ebbe und Fluth in ihr ab=und zufloſſen.   Ihre Kaufleute waren Fürſten, welche die Schätze der Erde unter alle Nationen der Erde austheilten.   Durch ſie wurden alle Handelsſtädte des Weltkreiſes reich, beneideten ſie, und betheten für ihre Erhaltung.   Die ſchreckliche Stunde des Verhängniſſes ſchlägt.   Der Allmächtige winket, und die Dünſte der unterirrdiſchen Hölen faſſen plötzlich Flammen.   Schnell dehnen ſie ſich aus, und drängen die äuſſere Erdrinde empor.   Der Boden des Weltmeeres blähet ſich auf.   Dreymal wird der Ocean aus ſeinem Lager gehoben.   Dreymal beben die Küſten beyder Welten.   Erſchütterte König=

nigreiche sehen ihre Monarchen erblasset ihren wankenden Thronen entfliehen, die itzt
gerne vergessen, Götter zu seyn. Und nun
bricht Lissabons Schicksal herein. Die
Gründe ihrer Berge werden bis zu ihren
tiefsten Wurzeln erschüttert. Ihre Thür-
ne und Palläste taumeln prasselnd zu Boden, und begraben eine Welt in ihren Ruinen. Eine schreckliche Viertelstunde vernichtet die Arbeit vieler Jahrhunderte. Das
Verderben verschlingt ihre Schätze, verwandelt ihre Palläste in Staub, und giebt
sie den Winden preis. Die prächtigste
Stadt des Erdbodens ist ein Steinhaufen,
und ihre Fürsten sind Bettler.

GOtt! wer ist dir gleich! der Himmel ist
dein Thron, und die Erde dein Fußschemel.
Du, Allmächtiger! wohnest in der Höhe,
und alle, die auf Erden wohnen, sind vor
dir, wie Heuschrecken. Du allein bist mäch-
tig! du allein bist groß! dir allein gebühret
Lob und Preis. Durch dich lebet die Natur.

D 4

tur. Dein Athem beſeelet uns. Du ziehſt
ihn zurück, ſo vergehen wir, und werden zu
Staub, Glück und Unglück ſind in deiner
Hand, und du theileſt dieſelbigen aus, nach=
dem du willſt. Wer kann deinem Willen
widerſtehen? Wohl dem, der dich zum
Schutze hat! Was können ihm Menſchen
thun? Bey dir ſteht es, den Niedrigen
hoch, und Hohen niedrig; den König zum
Sklaven, den Sklaven zum König, und
beyde zu Staub zu machen. Allmächtiger,
wer ſollte dich nicht fürchten! Und was ſoll=
te dem noch wohl weiter fürchterlich ſeyn,
der dich recht fürchtet?

Ja, du Allmächtiger! du biſt allein die
wahre Quelle alles Glückes und alles Se=
gens. Deine Reichthümer ſind unerſchöpf=
lich. Aus dir ſchöpfen alle Weſen Leben
und Seligkeit. Umſonſt ſetzen Heere von
Welten ſich zwiſchen mir und meinem Glü=
cke, wenn du für mich biſt. Umſonſt aber
ſtreiten die Kräfte des ganzen All für mich,
wenn

wenn ich dich wider mich habe. Deine Hand regieret alle Mittel, welche mein Glück befördern oder stürzen können. Durch dich regieren die Könige; sind die Mächtigen stark; die Weisen verständig: du hast die Herzen aller Menschen in deinen Händen, und leitest sie wie die Wasserbäche, wohin du willst. Und was sind denn Menschen, daß ich sie fürchten; was sind Menschenkinder, daß ich auf sie vertrauen sollte? Die höchste Macht der Sterblichen erstrecket sich nur über das, was an mir sterblich ist: mein unsterbliches Daseyn und das Glück der Ewigkeit sind unendlich weit über ihre Kraft erhoben. Und auch mein itziges Glück hängt nicht weiter von ihnen ab, als du es zuläffest. Ferne sey es von mir, daß ich durch niedrige Furcht und durch ein noch niedrigeres Vertrauen mich von Geschöpfen meines Gleichen abhängig machen sollte, da ich von dir erschaffen bin, um nur von dir dem Allmächtigen, abzuhangen. Ein Wesen,

wel=

welches den Vorzug hat, ein Geſchöpf des
Allmächtigen zu ſeyn, beſchimpfet ſich
ſelbſt, wenn es eine Ehre darinn findet, ein
Freund der Könige zu heiſſen.

Mein Beſtreben ſoll hauptſächlich nur
dahin gehen, wie ich mir die Gnade des All=
mächtigen erwerben und erhalten kann.
Alle Empfindungen meiner Seele, welche
von Furcht oder Vertrauen herkommen,
ſollen nur für ihn ſeyn. Ich will nicht nur
meine Gröſſe, ſondern auch meine Selig=
keit allein darinn ſetzen, von ihm abzuhan=
gen. Ein ohnmächtiges Geſchöpf, wie ich
bin, iſt zu wenig, den Allmächtigen zu eh=
ren; aber doch nicht zu wenig, ihn anzube=
then, und mit ehrfurchtsvoller Zuverſicht
auf ihn zu vertrauen. Mein zeitliches und
ewiges Glück hängt nur allein von ſeiner
Huld ab. Und ſeine Huld iſt der Lohn, wel=
cher die Bemühungen ſeiner getreuen Knech=
te krönet. Ich will, ohne Ausnahme, ſei=
nen Geſetzen gehorchen, und ſeinen Willen
voll=

vollbringen. Alle Kräfte meines Geistes und meines Körpers sollen seinem Dienste gewidmet seyn. Und was habe ich alsdann noch zu fürchten? Der Weltbau mag zertrümmern! Die Erde mag vor dem Blicke des Allmächtigen fliehen, und keinen Platz mehr für sich in dem Reiche der Schöpfung finden. Ich sehe dem Untergange der Natur unerschrocken zu. Der, durch den sie vergeht, ist der Allmächtige, und der Allmächtige ist mein Freund.

Sechstes Stück
Die aufgehende Sonne.

Sie geht heraus, wie ein Bräutigam aus seiner Kammer, und freuet sich, wie ein Held, zu laufen den Weg.

Mehr, wie gewöhnlich, durch einen kurzen, aber festen Schlaf erquicket, erwache ich, noch ehe die Sonne erwacht ist. Ich erblicke nichts, als eine schwache Dämmerung, den Vorläufer des kommenden Tages. Alles um mich herum ist stille. Die ganze Natur scheint zu schlafen. Vielleicht bin

bin ich in der Welthälfte, welche ich bewoh=
ne, der einzige Wachende.   Es müßte denn
etwa der Wucherer noch wachen, der durch
die Nacht auf neue Ränke gedacht, durch
welche er heute etliche verlaſſene Waiſen o=
der hülfloſe Wittwen um ihr weniges Gut
bringen will, und nun ungeduldig iſt über
die Langſamkeit der Sonne, welche ihm zu
ſeiner Bosheit leuchten ſoll: oder ſeine Brü=
der, Raubthiere in menſchlicher Geſtalt,
welche in der Nacht auf ihre Beute ausge=
hen, nachdem ſie ſich den Tag über in ihren
Hölen verborgen gehalten: oder die wilden
Söhne der Wolluſt, Menſchen nur dem
Namen nach, an welchen nur das Einige
nicht zu tadeln iſt, daß ſie ſich noch ſcheuen,
zu ihren verſchwiegenen Gräueln die Sonne
zum Zeugen zu haben. Und Gott weiß, wie
viel Elende ſind, vor deren Augen der Schlaf
fleucht, welche durch die ihnen lange Nacht
dem Tage entgegen wimmern, und die
Empfindung ihres Kummers oder ihrer
Schmer=

Schmerzen zu ihrer einigen Beschäfftigung haben? Gottlob! ich gehöre unter diese letztern nicht: und wie viel besser wäre es für mich, gar nicht zu seyn, als wenn man mich mit Recht zu den ersteren zählete?

Meine eröffneten Augen trinken das wenige Licht der Dämmerung mit geizigen Zügen. Sie dürsten nach mehr, und die Morgenröthe strömet ihrem Verlangen entgegen. Welch ein Schauspiel! ein rosenfarbner Glanz verbreitet sich über die östliche Gegend des Himmels, und zeichnet die Stelle, an welcher ich den prächtigsten Anblick in der Natur erwarten soll. Die Stralen der Morgenröthe streiten mit dem Schatten der Nacht. Der Ausgang des Gefechtes ist so wenig ungewiß, daß mit jedem Augenblicke das Licht neue Siege erhält. Die Sterne ziehen sich schon ehrerbietig zurück, und der Mond verhüllet demüthig sein Antlitz vor der herannahenden Majestät der Sonne. Siehe da! sie erscheint. Plötzlich ver-

verbreitet ſie mit ihren Stralen Licht und Leben durch die ganze Natur. Die Körper nehmen augenblicklich ihre Farben von neu= em an. Die Schöpfung erwachet. Die Zauberkraft ihres himmliſchen Feuers dringt durch die finſtern Schatten der dicke= ſten Gebüſche, und giebt tauſend Stimmen, welche der nächſte Wald mit ſeinem Laube bedecket; das Leben, die regen Schaaren der geflügelten Sänger ſchwingen ſich freu= dig in die Luft und jauchzen mit einer ihnen eignen Fröligkeit dem neuen Tage entgegen: indem (ſo widerwärtige Wirkungen kann eine Urſache hervor bringen) der traurende Haufe der Nachtvögel zu den geringen Ue= berreſten der Finſterniß in tiefe Steinritzen oder hole Stämme erſchrocken zurückſtürzet.

Dieſer heitere Anblick erweitert mein Ge= müth. Ich fühle eine rege Thätigkeit in meinen Gliedern. Mein Blut wird wie lebendig, und wallet von Empfindungen, welche mir vielleicht darum neu ſcheinen, weil

weil sie die ersten an diesem Tage sind. Mir
ist, als fienge ich von neuem an zu seyn. Die
göttliche Pracht dieses Schauspiels reißt
meine ganze Seele mit unwiderstehlicher
Gewalt in ein Entzücken hin, welchem ich
mich freywillig und mit einem unausssprech-
lichen Vergnügen, überlasse. Der grosse
Regent des Tages steht vor mir in göttlichem Glanze. Sein Anblick erfüllet mein
Herz mit freudigem Erstaunen. Ich sehe
sie, die Sonne, und mich dünkt, ich sehe
in ihr den, der sie erschaffen hat. Ich fühle
durch sie, daß er ist, und daß er herrlich
und gütig ist. Jeder Stral, den die Sonne auf mich wirft, flösset mir eine Empfindung von der Gottheit ein, und läßt mich
die Gegenwart ihrer allmächtigen Huld empfinden. Es ist, als ob ich sie selbst vor mir
sähe. Ich weiß, daß sie unsichtbar ist.
Doch könnte sie sichtbar seyn, so würde sie es
auf diese Art seyn. Man würde aus ihr,
der Quelle unsers Glückes, Segen, Liebe,
Gna-

Gnade, Leben, Friede, auf alle ihre Ge=
ſchöpfe an allen Seiten herabſtrömen ſehen,
ſo wie die Koſtbarkeit des Lichtes rings her=
um aus dem Sonnenkörper fleußt. O Se=
lige! welchen dieſe Sonne niemals unter=
geht! Dreymal Selige! welche mit uner=
ſättlicher und nie unbefriedigter Begierde
das unausſprechlich huldreiche Lächeln der
Gnade in dem Antlitze des Ewigen unauf=
hörlich ſchauen! O! wenn wird mir der
Tag anbrechen, an welchem die ewige Son=
ne auch für mich aufgeht? Wenn nach der
langen Nacht des Todes der Tag erſcheint,
welcher einerley Länge mit der Ewigkeit
hat; wenn ich mit neuen verklärten Augen
zum erſtenmal das Licht erblicken werde,
welches von dem Antlitze der Gottheit durch
die Ewigkeit ſtralet, und alle Himmel mit
überhimmliſchem Glanze erfüllet? wie
prächtig reizend wird dieſer Anblick ſeyn?
Wie leicht wird der Verluſt dieſer Sonne
vergeſſen ſeyn? Die bloſſe Vorſtellung hie=
von

von verlöschet den Glanz der Morgensonne.
Die entfernte Hoffnung machet noch ent=
zückt; was wird nicht die Erfahrung selbst
thun?

Ich sehe mit augenblicklich neuem Ent=
zücken in der Sonne das gnädige Antlitz der
Gottheit. In ihren erwärmenden Stra=
len fühle ich ihre Güte. Mich dünkt, das
allwissende Auge des allgegenwärtigen
Gottes blicket in jedem Lichtstrale auf mich,
auf mich, ein geringes, und, wenn er nicht
wäre, ganz und gar verwaisetes Geschöpf.
Er sieht mich, und sieht, daß ich gegenwär=
tig ihn denke. Er sieht mich, und sieht die
freudigen Empfindungen, welche in mei=
nem Herzen wallen, bey dem Gedanken,
daß er mein Schöpfer ist, und ich sein Ge=
schöpf bin! Sollte ich ihm in diesem Augen=
blicke wohl mißfallen? Nein, ich gefalle
ihm! ich weiß es gewiß! Meine Freude ist
eine Wirkung seiner Güte. Sie hat seinen
Beyfall. Er hat den Endzweck meiner
Schö=

Schöpfung nicht verfehlt, da ich das Glück
meines Daſeyns erkenne und mich glücklich
finde, von ihm geſchaffen zu ſeyn. Unaus=
ſprechliche Beruhigung für mich! Ja!
wenn er jemals die Engel eines belohnenden
Anblickes würdiget, ſo geſchieht es alsdann,
wenn ſie dieſen ähnliche Empfindungen ha=
ben! Wie glückſelig bin ich in dieſem Au=
genblicke! Bloß um deſſelben willen freue
ich mich, geſchaffen zu ſeyn. Seliger Mor=
gen! wenn die Sonne, welche dich gebracht
hat, längſt wird vergeſſen ſeyn, will ich mich
deiner noch mit Vergnügen erinnern. Dein
Andenken will ich noch in der Ewigkeit feyern.

Aber ach! warum wiederfährt mir dieſes
Glück ſo ſelten? und warum iſt es ſo bald,
wie ein Traum, verſchwunden? Wird auch
über eine Stunde mein Herz, deſſen Em=
pfindungen vor den Augen des Allwiſſenden
offen liegen, ihm ſo, wie itzt, gefallen?
Wie manchen Tage habe ich ſchon verlebet,
ohne das empfunden zu haben, was ich itzt
em=

empfinde? Und wie viele werde ich künftig noch auf gleiche Art verlieren? === Nein! ich will sie nicht mehr verlieren. Die Güte meines Gottes hat den himmlischen Frieden, welchen itzt meine Seele empfindet, in mich ausgegossen. Seine väterliche Huld scheint mich zu dieser seligen Stunde recht wie aufgewecket zu haben. Ich will diese Seligkeit nicht umsonst empfunden haben. Ich weiß es itzt aus der Erfahrung, wie sehr die Freude in Gott beseliget. Ich will zu diesem Glücke mich immer fähiger zu machen suchen. Ich will mehr Gleichgültigkeit, wie bisher geschehen, gegen alles, was nicht er ist, annehmen. Ich will mich täglich mehr gewöhnen, gegen die allerkleinesten Proben seiner Güte empfindlich zu seyn. Ich habe es itzt erfahren, wie wahr es ist, daß sich GOtt zu dem wieder nahe, der sich zu ihm nahet. Ich will künftig mich immer in seiner Nähe erhalten. Welche Seligkeit bereitet mir ein jeder Tag, wenn nur

mein

mein Herz ihr offen ist? Von nun an will ich einen jeden Tag für verlohren schätzen, an welchem ich nicht unzählichemal an GOtt gedacht, und es empfunden habe, wie glück= lich, ich dadurch bin, daß ich den zum Schö= pfer habe, der die Liebe selbst ist.

Siebentes Stück.

Der Allwissende.

Wo soll ich hingehen vor deinem Geist? Und wo soll ich hinfliehen vor deinem Angesichte? Führe ich gen Himmel, so bist du da. Bettete ich mir in die Hölle, so bist du auch da. Nähme ich Flügel der Morgenröthe, und bliebe an dem äussersten Mee= re; so würde mich doch deine Hand daselbst führen, und deine Rechte mich halten. Spräche ich: Fin= sternisse mögen mich decken; so muß die Nacht auch Licht um mich seyn.

Der Begriff eines Wesens, durch dessen allmächtigen Willen die ganze Schö= pfung ihr Daseyn hat, führet gerades We= ges zu dem Begriff eines Allwissenden. Der Wille setzet Erkänntniß voraus. Derjeni= ge, der gewollt hat, daß das ganze All seyn soll=

sollte, muß das ganze All gekannt haben.
Er muß sich dasselbe als möglich gedacht ha=
ben, ehe er wollte, daß es wirklich werden
sollte. Er muß sich dasselbige mit allen sei=
nen Theilen auf das deutlichste vorgestellet,
und einen vollständigen Begriff von allen
Verhältnissen gehabt haben, welche diese
Theile auf einander haben mußten, um ein
Ganzes auszumachen. Er muß alle Ver=
änderungen voraus gesehen haben, welche
das ganze All in allen seinen Theilen durch
die ganze Dauer leiden würde, welche er
ihm bestimmet hatte. Die Allwissenheit
erstrecket sich durch alles Vergangene, Ge=
genwärtige und Zukünftige. Sie erfüllet
die ganze Unendlichkeit des Raumes, wel=
chen das ganze All eingenommen hat, ein=
nimmt, und in der Zukunft einnehmen wird.
Die Unendlichkeit des Raumes und der Dau=
er ist ihr Maaß, und sie ist der Grund von der
göttlichen Allgegenwart. Durch sie ist der
Schöpfer allen Theilen seiner Schöpfung

E 3 gleich)

//gleich nahe, und auf gleiche Art an den äuſ=
//ſerſten Gränzen des Weltgebäudes, als in
/dem innerſten Mittelpuncte deſſelben, ge=
//genwärtig.

Wohin ich in der ganzen Natur meine
Blicke wende, treffe ich Spuren von Zu=
ſammenhang und Ordnung an; alle Wir=
kungen von den Einrichtungen, welche die
Weisheit des Schöpfers vorher gedacht hat,
ehe die Allmacht ſie ausführete. Nichts in
der ganzen Schöpfung iſt umſonſt. Das
Allerkleinſte hat ſowohl ſeine Abſicht, als
das Gröſſere. So unendlich die Anzahl der
Theile iſt, aus welchen die Welt beſteht,
und ſo ſehr ſie von einander durch die Un=
gleichheit der Gröſſe, der Schwere, der
Dichtigkeit, der Figur, der Zuſammenſe=
tzung, unterſchieden ſind, ſo ſind ſie doch
alle gleich nothwendig zu dem Ganzen, und
zu der Hauptabſicht des Schöpfers gleich
unentbehrlich. Jedes Theil der Schöpfung
hat alles, was dazu gehöret, um das zu
ſeyn,

seyn, was es ist, und um dazu geschickt zu
seyn, wozu es ist. Die geringste Pflanze
ist mit eben so vielerley Sorgfalt gebauet,
als der künstlichste Körper des vortrefflich=
sten Thieres. Ihr innerer Unterschied wird
nur durch die Verschiedenheit der Endzwecke
veranlasset, zu welchem sie bestimmet sind:
und alle diese verschiedenen Endzwecke lau=
fen endlich in der Vollkommenheit des Gan=
zen, als in einem gemeinschaftlichen Mit=
telpuncte, zusammen. Das Auge des gött=
lichen Verstandes durchschauet denselben in
seinem völligen Umfange. Die Anzahl der
Sandkörner, der Wassertropfen, der Luft,
Feuer= und Lichttheilchen ist ihm eben so
deutlich und vollständig, als die Anzahl der
Sternen, bekannt. Er erkennet auf das
deutlichste und genaueste das Maaß der
Kräfte, welche jedes Stäubchen in der Na=
tur vor sich allein, und in der Verknüpfung
mit andern besitzt. Er hat dieselben selbst
abgewogen, und die verschiedene Zusam=

men=

nienſetzung derſelben vorher beſtimmt. Er
erkennet alle Veränderungen, welche dar=
aus erfolgen können, und wirklich erfolgen
werden.

Der Körper des geringſten verächtlich=
ſten und in meinen Augen unnützen Thieres,
mit welch einer unbegreiflichen Kunſt iſt er
nicht gebauet? zwiſchen den flüßigen und fe=
ſten Theilen, aus welchen er beſteht, iſt ein
gehöriges Verhältniß. Er iſt ſo klein, daß
er unſerm Geſichte entflieht; unterdeſſen
haben alle ſeine Theile ihr gehöriges Maaß
und ihre Stärke. Die Canäle, in welchen ſich
ſeine flüßigen Säfte bewegen, ſind mit nicht
weniger Kunſt, als diejenigen, gebauet,
welche das neugierige Auge des Zergliede=
rers in dem menſchlichen Körper bewundert.
Seine Fäſerchen haben ihre genau abgemeſ=
ſene Federkraft. Mehr oder weniger ange=
ſpannt, als ſie wirklich ſind, würden ſie
dem Thiere unnütz ſeyn. Es hat alle nöthi=
gen Glieder, ſeine Nahrung zu ſuchen, ſein
Leben

Leben zu erhalten, seinen Raub zu verfolgen, vor seinem Feinde sich zu hüten, sein Geschlecht zu unterhalten. Der Theil der Schöpfung, welcher ihm zum Aufenthalt bestimmt ist, enthält alles, was es zu seiner Erhaltung brauchet, in so reichlichem Maaße, als wenn die Schöpfung nur allein für ihn wäre. Ein Endzweck und eine Menge zur Erreichung desselben angewendeter Mittel fallen mir sogleich in die Augen; und kann ich wohl einen Endzweck gedenken, ohne einen Verstand voraus zu setzen, welcher diesen Endzweck sich vorgesetzet hat? und hinlängliche Mittel, ohne die Weisheit desjenigen zu erkennen, welcher dieselben ausgefunden hat? und wie viel Millionen Arten von Thieren heget der Erdboden nicht? Luft, Wasser, Erde, sind so viele Reiche, in welchen kein Winkel ist, welcher nicht mit Einwohnern besetzet und mit unendlichen Gattungen von Thieren belebet wäre, deren jedes in seiner Art mit allen den

den Eigenſchaften verſehen iſt, welche die
Abſicht ſeines Daſeyns erfordert. Und alle
dieſe Gattungen leben und erhalten ſich ſeit
ſo vielen Jahrhunderten! Sie erhalten ſich,
ungeachtet aller Veränderungen, welche
von Zeit zu Zeit in der Natur vorgehen.
Tauſenderley Zufälle, welche für ſich nichts
unmögliches ſind, könnten auf mehr, als
eine Art, verſchiedene Gattungen derſelben
zerſtören. Umſonſt! ſie bleiben alle, zum
unwiderſprechlichen Beweiſe, daß keiner
dieſer Zufälle iſt, welchen nicht der Allwiſſende voraus geſehen; und deſſen Urſachen
die höchſte Weisheit nicht zurückzuhalten
gewußt hat.

Ich ſelbſt, kann ich wohl einen Blick auf
mich werfen, ohne einen unläugbaren Beweis von der höchſten Weisheit meines
Schöpfers zu empfinden? Der ganze Bau
meines Körpers, jede Glieder deſſelben, jede Theile, aus welchen ſie zuſammen geſetzt
ſind, für ſich und in ihrer Verknüpfung unter-
ein-

einander, betrachtet! Welche Wunderwer=
ke? Der Zergliederer löset sie auf, und er=
staunet. Er zertrennet die zärtesten Ge=
webe, und entdecket noch zärtere. Er ver=
folget seine Entdeckungen mit gewaffneten
Auge, und er findet neue Wunder. Ohne
Hoffnung, bis auf das Ende kommen zu
können, hält er ein. Am Anfange der Un=
tersuchungen findet er das Ende seiner Kunst.
Er will die Grösse des göttlichen Verstan=
des erforschen, und er wird nur die engen
Gränzen seines eigenen gewahr. Ich bin
mir selber unbekannt. Ich bin mir selber
ein Geheimniß. Der kleinste Theil von mir
selbst erschöpfet die Kräfte meines ganzen
Geistes, ohne selbst erschöpfet zu werden.
Der Gebrauch, welchen ich augenblicklich
von den Gliedern meines Körpers mache;
die Empfindungen, welche ich unaufhörlich
durch die Werkzeuge der Sinnen empfange.
Die Begriffe, welche meine Seele aus die=
sen Empfindungen erschaffet; die Erkannt=
niß,

niß; welche ich dadurch erhalte; das edle
Vergnügen, welches mir dadurch zuwächſt;
und der erhabene Stand, welchen ich durch
dieſe Vorzüge in dem Reiche der erſchaffenen
Dinge bekomme; dieſes alles ſind Folgen,
von dieſer mir unbekannten Einrichtung.
Folgen, welche die allerhöchſte Weisheit
meines Schöpfers um deſto mehr beweiſen,
je verborgener der Zuſammenhang iſt, welchen ſie mit ihren Urſachen haben. Zwey
Weſen von ganz verſchiedener Art, ein
Geiſt und ein Körper, ſind in mir vereint,
ſo genau vereint, daß ihre beyderſeitigen,
obgleich in ſich verſchiedenen Wirkungen,
doch alle zu einem und demſelbigen Endzwecke eilen. Die Speiſen, welche ich zu meiner Nahrung genieſſe, werden durch eine
Art von Zauberkraft ſtufenweiſe in mein
Weſen verwandelt. Sie erſetzen den Ab-
gang, welchen alle flüßige ſo wohl, als feſten Theile meines Körpers, durch ihren
beſtändigen Gebrauch unaufhörlich leiden.
Ja!

Ja! aus ihren durch den oftmaligen Um=
lauf gereinigten Säften wird in dem Gehir=
ne, dem Sitze des Denkens, der subtile
Geist abgesondert, dessen flüßiges Feuer,
durch unsichtbare Canäle geleitet, bis zur
Seele dringt, und die Kluft ausfüllet, wel=
che dieselbe von der gröbern Materie des
Körpers absondert. Hier ist die Werkstatt
der Gedanken, das verborgenste Geheimniß
der Natur. Hier gelangen von den entfern=
testen Theilen des Körpers alle Eindrücke
an, welche die äussern Dinge in alle äussere
Werkzeuge meiner Sinnen machen. Hier
werden sie geläutert. Sie nehmen ein gei=
stig Wesen an, werden zu Gedanken, und
verlieren sich in das Innerste meiner Seele,
welcher sie zur Nahrung dienen. Welche
über alle meine Erkänntniß erhabene Kunst
hat hier gearbeitet? Wie weit muß die Weis=
heit desjenigen über alle Bewunderung erha=
ben seyn, der mich so wunderlich gemacht hat?
O! welch eine Tiefe des Reichthumes, bey=
de

de der Weisheit und der Erkänntniß Gottes!
Was ist gegen den unendlichen Verstand des
Allwissenden der grösseste Verstand eines
Sterblichen? Ja, was sind gegen seine Erkänntniß die Wissenschaften aller denkenden
Wesen? Er ist die ewige und unerschöpfliche
Quelle des Lichtes und der Wahrheit.   In
seinem Verstande gründet sich das Wesen
aller Dinge, und nur ihm allein ist daffelbi-
ge bekannt.   Wir sehen nur in seinem Lichte
das Licht.   Unsre Erkänntniß erstrecket sich
nicht weiter, als sich die Kräfte erstrecken,
welche er uns geliehen hat, und die Mittel,
diese Kräfte zu gebrauchen, welche er uns
verschaffet.   Und was sind wir denn, daß
wir die Absichten des Allwissenden ergründen, und die Mittel beurtheilen wollen,
welche die höchste Weisheit zu Endzwecken
anwendet, welche nur sie allein völlig erkennet? Die Pflicht der Geschöpfe ist nicht zu
erkennen, sondern zu bewundern; nicht zu
wissen, sondern anzubethen.

                                        Mit

Mit der tiefſten Verwunderung verehre ich anbethend die Spuren, welche die höchſte Weisheit in allen Theilen ihrer Schöpfung zurückgelaſſen hat. Ich durchirre in Gedanken das unermeßliche Gebiethe der Natur. Ich zähle Weltgebäude bey Millionen, ſo möglich wären, und bin noch von dem Ende ſo weit, als ich im Anfange war. In dieſem unendlichen Raume iſt kein Punct vorhanden, in welchem nicht der wirkende Verſtand der Gottheit gearbeitet, und die ſchaffende Weisheit ſich thätig erzeiget hätte. Kein Punct, in welchem nicht der Allwiſſende gegenwärtig wäre, kein Stäubchen, welches nicht in dem Verſtande Gottes ſeine eigene Stelle hätte. Nicht die geringſte Veränderung, welche ſich mit jedem Augenblicke in allen Theilen des Weltgebäudes eräuget, entfleucht ſeinem allgegenwärtigen Blicke. Nichts iſt geſchehen, nichts geſchieht, nichts wird geſchehen, was nicht ſein allwiſſendes Auge ſieht. Alle Gedan-

danken, welche alle Geiſter gedacht haben,
denken und denken werden, ſind vor ihm of=
fenbar.   Kann der Weiſeſte ohne Abſichten
handeln, und müſſen die Abſichten, welche
er zu erreichen ſtrebet, nicht die vollkom=
menſten ſeyn? Wenn ich in allem, was ich
deutlich erkenne, weiſe Abſichten bemerke,
kann ich zweifeln, daß auch in dem, was
ich nicht deutlich genug erkenne, um von ſei=
nem Nutzen urtheilen zu können, mir ver=
borgene Abſichten liegen, welche ich dereinſt
vielleicht erkennen werde? Doch was ſage
ich? welche ich gewiß einmal erkennen wer=
de! Ich habe die Verheiſſung der Unſterb=
lichkeit von dem Munde der Wahrheit. Die
ewige Weisheit müßte, nur in Anſehung
meiner, nicht die beſte und vollkommenſte
Abſicht haben, wenn der Gebrauch der Fä=
higkeiten, welche ſie meinem Geiſte verlie=
hen hat, nur in die wenigen Augenblicke
meines itzigen Lebens eingeſchloſſen ſeyn
ſollte. Vielleicht wäre dieſes Urtheil zu er=
wägen,

wägen, wenn mich nicht die Offenbarung
meines Gottes dazu berechtigte. Die Kenntniß, welche ich von den engen Gränzen meines Verstandes durch tägliche Erfahrung
erlange, würde mich zurückhalten, diesen
Ausspruch zu thun; wenn ihn nicht von mir
der Allwissende in seinem Worte gethan
hätte.

Du Allwissender! bist allein die wahre
Quelle aller Weisheit. Dir sind allein die
Absichten bekannt, zu welchen Geister das
Daseyn empfangen haben. Dir sind allein
die Endzwecke bekannt, zu welchen du sie
bestimmet hast. Von dir allein kann ich in
der wahren Weisheit unterrichtet werden,
und lernen, auf was für eine Art ich meine
Kräfte gebrauchen müsse, um zu der voll-
kommenen Glückseligkeit zu gelangen, welche du mir zum Ziele gesetzet hast. Was tief-
sinnige Weltweisen durch grübelndes For-
schen in vielen durchgewachten Nächten

F   um-

„umſonſt ſuchen, läßt mich dein Unterricht
„ohne Mühe finden. Dein Wort machet
„mich weiſer, als alle Lehrer der Weiſen ſind.
„Dein Licht erleuchtet die Finſterniß des Ver-
„gangenen und durchſtralet die lange Nacht
„der Zukunft. In demſelbtigen ſehe ich, wo-
„her ich bin, wozu ich bin, und was ich der-
„einſt einmal ſeyn werde. Es zeiget mir die
„Dinge in ihrer wahren Geſtalt, welche der
„ betrügliche Schein des ſchwachen Schim-
„mers der Vernunft meinem verführten Her-
„zen in einem falſchen Lichte zeugete. Es
„lehret mich Schätze kennen, welche meiner
„Wünſche würdig ſind, und entdecket mir
„die Wege, welche gerade zu denſelbigen füh-
„ren. GOtt! was für ein unausſprechlich
„groſſer Schatz iſt dein Wort für mich? Mei-
„ne Vernunft kämpfet mit Ungewißheit und
„Zweifeln. Ich frage dich, und deine Aus-
„ſprüche machen mich gewiß. Mein beküm-
„mertes Herz wanket zwiſchen verſchiedenen
„Gütern, unſchlüßig, welche es wählen ſoll.
Der

Die Aussprüche deiner Weisheit entscheiden den Streit, und ich wähle das Beste.
Was soll ich thun, daß ich selig werde?
Wen finde ich auf Erden, der mir diese Frage mit einer Gründlichkeit beantworte, welche mich zufrieden stellet? So viele Menschen ich um Rath frage, so viel verschiede-
dene Antworten erhalte ich; deren Inhalt
nicht mehr, wie Licht und Finsterniß, mit
einander übereinstimmet. Wer von ihnen
hat Recht? Höchstens kann es einer haben.
Mir bleibt also nichts, als die Wahl, übrig,
auf welche Art ich am liebsten mich betrügen
will. Unseliges Schicksal! gegen welches
das Nichtseyn beynahe ein Glück ist. Was
hätte ich, wenn ich dein Wort nicht hätte?
Von aller Hülfe und Trost verlassen, mir
nur selbst überlassen, müßte ich vergehen in
meinem Elende. Gepriesen! ewig gepriesen seyst du! Vater des Lichtes! der du in
einem unzugänglichen Lichte wohnest, und
aus göttlichem Mitleiden einen Stral die-

ses

ſes Lichtes zu mir geſandt haſt, um mich
auf den wahren Weg der Seligkeit zu leiten!
Was fehlet mir noch zu meinem Glücke?
Die ewige Weisheit würdiget mich, mein
Lehrer zu werden; und ich fühle das groſſe
Glück des Vorzuges, ihr Schüler zu ſeyn.
Wie verächtlich kommt mir itzt alle ſeyn ſol-
lende Weisheit der Menſchen vor? Seyd
immer Könige in dem Reiche erdichteter
Wahrheiten, hochmüthige Schulweiſen!
Errichtet Lehrgebäude, deren Spitzen bis
in den Himmel reichen! Verewiget euere
Träume und euch! Seyd ein Wunder eurer
Zeiten und der Abgott der Nachwelt! Ent-
ſcheidet! und ein Pöbel ohne Zahl halte eure Entſcheidungen für Götterſprüche! Ver-
ſammlet euch bey Tauſenden, und eure ge-
meinſchaftliche Stimme donnere den Fluch
aus über alles, was ſich euern Ausſprüchen
widerſetzet! Herrſchet immer, als gefürch-
tete Tyrannen, über die Gewiſſen unter-
würfiger Sklaven! Gründet eure Ober-
macht

macht auf das Alterthum eures Reiches!//
und euere Rechte auf das Zeugniß vieler//
Jahrhunderte! Ich werde mich hüten, euch///
zu widersprechen; aber noch vielmehr, euch///
zu glauben. Das Recht, meinen Beyfall/
zu fodern, hat allein die Wahrheit: und die//
Wahrheit wohnet nicht auf den Lippen stol=//
zer Lehrer, sondern in den Herzen demüthi=//
ger Schüler der wahren Weisheit. Ich be=//
darf eures Unterrichtes nicht. Ich habe//
näher zur Quelle selbst. Was euch Weisen//
und Klugen verborgen ist, kann auch ein//
Demüthiger aus dem Worte der Offen=//
barung lernen. Euch ist dieses Wort//
ein versiegeltes Buch; denn ihr suchet Ge=//
heimnisse. Mir ist es offen; denn ich suche//
Wahrheit. Euch ist es eine fruchtbare Quelle//
von Zänkereyen; denn ihr suchet Gelahrt=//
heit. Mir ist es ein Mittel zur Gottseligkeit;//
denn ich suche Erbauung. Grübelt ihr, und//
heißt Weisen! Ich lerne, und werde selig.//
Ungelehrig gegen allen Unterricht, der nur//

von

von Menſchen kömmt, will ich ganz auf=
merkſam, ganz gehorſam, gegen die Leh=
ren des Himmels ſeyn. In der frühen
Stunde des Tages und zu der ſtillen Zeit der
Mitternacht will ich mit lehrbegierigem
Herzen zu den Füſſen der himmliſchen Weis=
heit ſitzen, und ihren Unterricht hören.
Hier will ich mit Davids feurigen Schwin=
gen mich zum Gipfel der reinſten Andacht
erheben, und ſchon zum voraus Theil an den
Empfindungen der ſeligen Geiſter nehmen.
Hier will ich den ſanften Lehren des vollkom=
menſten und heiligſten Lehrers in der Stille
nachdenken, und in ſeinem Umgange mein
Herz nach ſeinen Geſinnungen bilden. Hier
will ich lernen, was ich in der Ewigkeit wiſ=
ſen muß, und mir das Eine, das beſte
Theil, zu eigen machen, welches kein Zu=
fall mir in Ewigkeit nehmen kann.

Ja, allwiſſender und allgegenwärtiger
GOtt! dein göttlicher Blick durchforſchet
das Innerſte meines Herzens. Meine ver=
bor=

borgensten Gesinnungen sind vor dir offen=
bar, und du siehst meine geheimsten Gedan=
ken von ferne. Wo ich bin, bist auch du um
mich. In allen meinen Handlungen habe
ich dich, dereinst meinen Richter, zum auf=
merksamen Zeugen. Ich wandle unter dei=
ner beständigen Aufsicht, und ich will auch
beständig als vor deinen Augen wandeln.
Deine allwissenden Blicke sollen mich leiten.
In allen meinen Handlungen will ich auf
dich sehen, dein Wink soll mein Gesetz seyn.
Mit Furcht, aber mit kindlicher Furcht,
will ich, voll heiliger Vorsichtigkeit, auf
alle meine Tritte merken. Fehltritte sollen
mich behutsam, und die Erkänntniß meiner
Schwäche soll mich bedächtig machen.
Möchte nur mein Herz rein seyn vor dir!
Erforsche du mich, mein Gott! und prüfe
mich! Prüfe du und erforsche meine Gesin=
nungen! Lehre mich es erkennen, ob ich auf
richtigem Wege bin! und führe mich auf den
Weg deiner Gebothe, denn ich habe Lust dazu.

F 4   Ach=

Achtes Stück.
Die untergehende Sonne.

Ob ich ſchon wandere im finſtern Thale, fürchte ich
kein Unglück, denn du biſt bey mir; dein Stecken
und dein Stab tröſten mich.

Der Tag erblaſſet. Sein heiteres Licht
wird mit jedem Augenblicke ſchwächer,
und drohet, bald ganz zu verlöſchen. Die
feurige Quelle dieſes koſtbaren Elements
nähert ſich mit ſtarken Schritten dem Hori-
zonte. Nur noch ein ſchmaler Streif ſcheidet ſie davon. Sie hat ſchon den gröſſeſten
Theil ihrer Stralen abgeleget. Das Auge
verträgt ſchon ihren Anblick, deſſen völliges
Verſchwinden es in der nächſten Minute erwartet. Ein feuriger Glanz vergoldet die
ganze Abendſeite des Himmels. Die letzte
Erſcheinung der Sonne iſt eben ſo prächtig,
als heute ihre erſte war. Sie läßt uns bey
ihrem Untergange gleichſam empfinden,
wie viel wir an ihr verlieren. Itzt verſinkt
ſie === Sie iſt hin === und ich habe ſie vielleicht
itzt

itzt zum letztenmal in meinem Leben gesehen.
Ehe sie ihre Reise bis zur Morgenseite wird
vollendet haben, hat der Engel des Todes aus
den Händen des Ewigen den gemessenen Be=
fehl erhalten, mehr als dreyßig tausenden
(*) von unserm Geschlechte ihren Aufenthalt
in den finstern Wohnungen des Schatten=
reiches anzuweisen. Tausend Würgengel
sind schon ausgegangen, diesen Befehl zu
vollstrecken. Sie kennen ihre Opfer mit
Namen; gewiß, keinen zu verfehlen Wer
weiß? steht nicht auch der meinige mit auf
dieser fürchterlichen Liste? Wer weiß? wird
sich

(*) Dieser Gedanke ist nichts weniger, als übertrie=
ben. Von dreyßig Menschen stirbt jährlich ei=
ner. 1000, 000, 000, Menschen leben zur Zeit
auf dem Erdboden. Von diesen sterben also
jährlich mehr, als 33, 000, 000, welches auf
jeden Tag im Jahre mehr, wie 90, 000, und
also noch etliche Tausend mehr macht, als der
Tag Secunden hat. Eine Sommernacht zu
acht Stunden gerechnet, liefert also auf das we=
nigste 30, 000, Menschen in das Grab. Es sa=
get also der obige Gedanke, im strengsten Ver=
stande genommen, noch weniger, als sich in der
That befindet.

ſich nicht auch für mich dieſe Nacht in eine
ewige Nacht verwandeln? in eine Nacht,
welche der ſpäte Morgen der Ewigkeit aller=
erſt unterbrechen wird?

Wie finſter iſt itzt der Anblick der Natur?
Die Farben ſterben. Die Schöpfung ent=
ſchlummert. Melancholiſche Schatten be=
decken die ganze Körperwelt, welche ſchwarz
gekleidet das abermalige Abſterben eines
Tages zu betrauren ſcheint. Das Geräu=
ſche der Welt verwandelt ſich in eine ſchüch=
terne Stille. Die Bande der Geſellſchaft
ſind aufgelöſet. Die Verknüpfung der See=
le mit der Körperwelt iſt faſt gänzlich unter=
brochen, da Licht und Schall, ihre vor=
nehmſten Werkzeuge, ſchlafen. Sie iſt
allein. Kein mitleidiger Lichtſtral beſuchet
ſie mehr. Von einer fühlbaren Dunkelheit
umgeben, fühlet ſie nur ſich, und ſich in ei=
ner Einöde. Durch das ganze Gebieth der
Natur herrſchet ein allgemeines fürchterli=
ches Stillſchweigen. Welch ein natürliches
Bild

Bild des Todes? Er ist eben das, nur in einem höhern Grade. In der Nacht ist die Welt für uns todt. In der Todesnacht sind wir es für die Welt, und zugleich für uns selbst. Unfähig zu empfinden, zu denken und zu wirken, betäubt, fühllos, und die Seele erwartet den mächtigen Ton der göttlichen Posaune, welche die Welt zum Gerichte ruft. Die Nacht der Natur läßt der Seele die Kraft, wirksam zu seyn; und ihre Stille locket sie, es auf eine für sie selbst nützliche Art zu seyn, als es ihr das Geräusch des Tages verstattet. Sie veranlasset sie, über sich selbst nachzudenken, und, von äussern Eindrücken ungestört, für das Glück der Zukunft zu sorgen. Und woran ist mir wohl mehr, als daran, gelegen? Nacht! sey mir willkommen! Von deinen Stunden will ich einen bessern Gebrauch machen, als ich von denen des Tages gethan habe. Deine Finsterniß soll meine Seele erleuchten. Du bist eine nahe Verwandtin des Todes. Der

Un-

Umgang mit dir ſoll mich zu ſeiner Bekannt-
ſchaft führen. Vielleicht höret er auf, mir
fürchterlich zu ſeyn, wenn ich ihn kennen
lerne; oder ſein Schreckenbild ſtöret mich in
dem gefährlichen Schlafe der Sicherheit.

Sie iſt nicht mehr, die Sonne, die Kö-
ginn des Himmels, und die ſichtbare Re-
gentinn des Tages. Aber er iſt noch, und
iſt ohne Veränderung derſelbe, der ſie und
mich erſchaffen hat. Sie hat ſich meinen
Blicken entzogen, und ihr Untergang hat
die Welt des Lichtes, ihres gröſſeſten Schatzes, beraubet. Von dem prächtigen
Schauſpiele der Schöpfung, welches ich
noch vor einer Stunde bewunderte, bleibt
mir nichts, als das bloſſe Andenken zurück.
Ich ſehe die Schaubühne des heutigen Tages
von allen Verzierungen entblößet, leer, und
in ein wüſtes Trauergerüſt verwandelt. In
Wahrheit! was iſt itzt alles, was man auf
Erden prächtig nennet? Wo iſt der ſtolze
Schimmer ſichtbarer Herrlichkeiten geblieben?

ben? Die Schöpfung hat alles verlohren, was mich heute an ihr entzückt hat. Aller ihr Reiz ist mit dem abgeschiedenen Tage zu Grabe gegangen. Die Natur erwartet ihren verlohrnen Schmuck allererst mit der Zurückkunft der Sonne wieder. Gesetzt! dieses geschehe nicht mehr! Was wäre denn alle irrdische Pracht? aller Glanz des Goldes? aller reiche Schimmer blitzender Edelgesteine? alle mannichfaltige Anmuth des Weltgebäudes? Kunst, Schönheit, Herrlichkeit, mit allen ihren blendenden Reizungen, was sind sie für uns, wenn das Licht fehlet? Ein Nichts! Aber ein Nichts, welches Glanz genug hat, um die Augen, fast aller Menschen, zu blenden! Erniedrigender Gedanke für die stolze Eitelkeit unsers Geschlechtes! Dinge, welche alles, was sie sind und was sie gelten, von den Stralen der Sonne borgen, machen Wesen, welche nach dem Bilde der Gottheit geschaffen und zu dem Glücke ihrer Gemeinschaft bestimmet

met ſind, ihrer angebohrnen Würde und
ihrer natürlichen Hoheit vergeſſen.   Dinge, welche jeder Morgen neu erſchaffen muß,
und deren ganzer Werth von der Gnade eines jeden Tages abhängt,   machen ſich Geiſter unterwürfig, welche der Allmächtige zu
Herren ſeiner Schöpfung geſetzet hat. Wäre
dieſes glaublich, wenn es nicht die Erfahrung lehrete? Muß ich nicht, ſo ſchwer auch
dieſes Geſtändniß meiner Eigenliebe an-
kömmt, es geſtehen, daß die meiſten Handlungen des abgeſchiedenen Tages, wo nicht
alle, aus dieſer niedrigen Quelle gefloſſen
ſind? Auf einen ſo hohen Grad hat alſo das
flüchtige Licht des Tages meine blöden Augen blenden können? O! ſo ſey du mir geſegnet! wohlthätige Nacht! du zerbrichſt dieſe Götzenbilder! deine Schatten tödten die
Zauberkräfte des Tages.   Dein mächtiger
Arm zerreißt meine Ketten und ſetzet meine
erlöſete Seele in Freyheit.   Oder vielmehr
du thuſt es, ewiger Vater! Herr der Natur!
güti-

gütiger Vater denkender Wesen! Mitleidig
gegen meine Schwäche, schenkest du mir die
Nacht zum Lehrer, die mich empfinden läßt,
wie alles außer dir nichts ist, und du alles
bist. Die dunklen Schatten der Nacht sind
schreckliche, aber heilsame Bothen, von dir
abgesandt, um mich von dem blendenden
Schimmer verführischer Reizungen zu war-
nen, und mich durch die Erfahrung zu be-
lehren, daß du allein mein einiges, wahres
und höchstes Gut seyst. Darum verhüllen,
auf deinen Befehl, schwarze Finsternisse die
Schönheiten der Erde, damit ich ungehindert
die unvergänglichen Schönheiten des Himmels sehen und lieb gewinnen möge. Wie
lebhaft empfinde ich itzt in der Finsterniß,
welche mich umgiebt, die Nichtigkeit der
Hoffnungen, welche mich heute durch ihren
falschen Schein bezauberten? Was für
Wünsche entstunden nicht in meiner von ei-
tlen Einbildungen trunkenen Seele bey dem
Anblicke eines prächtig scheinenden Glückes?
Alle

Alle meine Kräfte waren angeſtränget, um
Entwürfe zu machen, wie ich mir daſſelbe
zuwegebringen möchte. Alsdann glaubte
ich, ohne Ausnahme, beglückt zu ſeyn, und
keines andern Dinges mehr zu bedörfen.
Nichts war an meinen Entwürfen vergeſ=
ſen, als nur das, was allein ſie hätte ver=
nünftig machen können, die Vorſtellung
von der Ungewißheit und Vergänglichkeit
ihres Gegenſtandes.Meine liebreiche Freun=
dinn, die holdſelige Nacht, wecket mich auf,
und ſtöret dieſen für meine Ruhe gefährli=
chen Traum. Mit Verwirrung werde ich es
inne, wie ſchändlich ich mich ſelbſt betrogen
habe. Ich ſehe itzt meine ſchönen Entwürfe
in ihrem wahren Lichte. Beſchämt geſtehe
ich es vor mir ſelbſt, ſie waren nichts, als
thörichte Mittel zu einem noch thörichtern
Endzwecke. Wie unglücklich wäre ich,
wenn ſie mir gelungen wären? Meine Ge=
müthsruhe, meine Unſchuld, und wie leicht
auch das Glück der Zukunft? wären das
Opfer

Opfer meiner Thorheit geworden. Die gütige Vorsicht trat ins Mittel, und verhinderte mich wider meinen Willen unglücklich zu werden. Habe ich meiner selbst so sehr vergessen können? Hat ein blosser Schein, dessen Falschheit zu entdecken eine mäßige Aufmerksamkeit zugereichet hätte, mich zu solchen Ausschweifungen verleiten, und mir die Augen gegen die Wichtigkeit meiner heiligsten Pflichten, und gegen die deutlichsten Aussprüche meines eigenen Gewissens verschliessen können? Bittres Andenken! Die Reue zernaget mein Herz. Ihr Feuer frißt um sich in den Wunden, welche heute mein Gewissen empfangen hat. Ich werde ein Märtyrer meiner Unvernunft. Ich leide die so mühsam gesuchten Strafen meiner Thorheit. Aber ich leide sie zu meinem Besten. Diese schmerzliche Reue wird mich nie gereuen; sie wird mich weise, sie wird mich selig machen. Ihr Feuer wird mein Herz und mein Gewissen reinigen, und

G   die .

die Schulden meiner Sünden aus dem Schuldbuche des Himmels tilgen. Durch ſie geläutert wird mein Herz heiliger, und meine Tugend vollkommener werden. Wie viel glücklicher bin ich itzt unter den Schmerzen der Reue, als unter den heutigen Freuden der Eitelkeit? Dieſe verführeten mich von dem Wege der Vernunft. Jene machen mich zur Vernunft wiederkehren. Hiemit ſey der Schluß gefaſſet! Nie will ich künftig den flatterichten Freuden des Tages weitere Eindrücke in mein Herz verſtatten, als ich gewiß bin, daß ſie der Abend billigen wird. Meine künftigen Tage ſollen immer vor dem Richterſtuhle der Nacht ihre Rechnung ablegen. Ich will durch nächtliche Ueberlegungen die Uebereilungen meiner vergangenen Tage verbeſſern, und meine zukünftigen verhüten. Gütiger Vater! vergieb, nach deiner Liebe, der aufrichtigen Reue die Fehler, welche zu verbeſſern mein ernſter Vorſatz iſt.

Untergehende Sonne! verlöſchendes Licht des

des Tages! lebendiges Bild von der Unbe-
ständigkeit aller irdischen Dinge! lehrrei-
ches Schauspiel für mich, der ich auch einmal untergehen; dessen Lebenslicht auch
einmal verlöschen; und die Vergänglichkeit
aller Dinge mit einem neuen Beyspiele be-
stärken muß! Möchte doch mein Untergang
einst dem deinigen gleich seyn. Du gehst mit
Pracht und mit Majestät unter. Auf gleiche Art verläßt ein gerechter die Schaubühne dieses Lebens. Ein tugendhafter Wandel führet zu einem herrlichen Tode. Ein
Geist, dessen innere Fähigkeiten die Religi-
on erweitert; dessen Hoffnungen die Lehre
des Christenthums erhöhet; und dessen Gesinnungen der Geist der Gottseligkeit geheiliget hat; sieht der Auflösung des Körpers,
der bisher ihm zum Aufenthalte gedienet
hat, mit gesetzter Gelassenheit zu. Er geht,
gleich der Sonne, nicht für sich, sondern
nur für die Zuschauer, unter. Er ist gewiß, daß er, gleich ihr, prächtiger wieder

aufgehen wird. Dieſe Hoffnung lebet
in ſeinem letzten Gedanken. Ein zuſriede=
nes Lächeln ſtirbt auf ſeinen erſtarrenden
Wangen. Er ſinkt der Ewigkeit in die Ar=
me, unterſtützet von den getreuen Händen
der Allgenugſamkeit, auf welche er durch
ſein ganzes Leben vertrauet hat. Seine ver=
laſſene Wohnung zerfällt im Staub. Sei=
ner wird in kurzer Zeit unter den Lebendigen
vergeſſen. Die Räder der Natur bewegen
ſich indeſſen ohne Stillſtand fort. Die Pla=
neten wälzen ſich nach wie vor um ihre Son=
nen; bis der, deſſen gebiethend Wort ſie zu=
erſt in Bewegung ſetzte, ihnen den Befehl
giebt zu vergehen. Nun ſtirbt die Natur:
aber der Gerechte lebet wieder. Er lebet, um
nie wieder zu ſterben. Der erſte Blick, wel=
chen er um ſich thut, entdecket ihm ſeinen
Erlöſer. Er erkennet ihn, ſeinen göttlichen
Freund, mitten unter der Menge himmli=
ſcher Heere, welche ihn begleiten; er erken=
net ihn an der Herrlichkeit des Vaters, wel=
che

che ihn umgiebt. O seliges Schicksal! sey du das Ziel aller meiner Wünsche! Mich deiner würdig zu machen, soll das End= zweck meiner nächtlichen Bemühungen seyn. Wann mit dem Tage die Geschäffte des Tages ein Ende haben, wann mit dem Lichte der Welt auch das Geräusch der Welt verschwindt; dann will ich in seliger Ein= samkeit meine Seele zu himmlischen Gesin= nungen bilden: dann will ich, ungesehen von Menschen, und nur von dem Auge der Allgegenwart bemerket, mich mit meinem himmlischen Freunde und mit der Ewigkeit bekannt machen. In diesen, für den grös= sesten Theil der Menschen verlohrnen Stun= den, will ich lernen, wie ich heilig leben, und einmal des Todes der Gerechten sterben kann.

Neuntes Stück.
Der Höchstgütige.

Wer nicht lieb hat, der kennet GOtt nicht, denn GOtt ist die Liebe.

Ein Wesen, welches aus sich selbst, ewig,

allmächtig, allwiſſend, mit einem Worte,
höchſtvollkommen iſt, kann unmöglich oh=
ne Thätigkeit ſeyn.   Es kann eben ſo wenig
für ſich ſelbſt thätig ſeyn, da es keines Zuſa=
tzes an Macht oder Gröſſe fähig iſt. Es muß
alſo in der einigen Abſicht, welche ihm mög=
lich iſt, nämlich zum Glücke anderer We=
ſen, beſchäfftiget ſeyn: und ihm muß eine
weſentliche und unveränderliche Neigung
beywohnen, ſeine Seligkeit mitzutheilen.
Zum Begriffe Gottes gehöret es weſentlich,
daß er gütig ſey.   Ohne eine ſolche Eigen=
ſchaft wären alle ſeine Kräfte unwirkſam,
und blieben ſeine unendlichen Eigenſchaften
ungebraucht.   Ein göttliches Weſen ohne
Leben! Ein unthätiger GOtt! Eine ſchla=
fende Allmacht! Der höchſte Verſtand ewig
müßig! So viel Sätze, ſo viel Unſinn! aber
zugleich ſo viel getreue Ueberſetzungen von
dem Ausdrucke: ein GOtt ohne Güte. In
dem allervollkommenſten Weſen muß auch
die allervollkommenſte Thätigkeit, der al=
ler=

terbollkommenste Trieb, wirksam zu seyn;
und da der Unendliche solches nicht für sich
seyn kann, es für Wesen ausser sich zu seyn;
folglich die allerhöchste Güte Platz haben.
Man läugnet GOtt, wenn man seine Güte
läugnet. Höchstgütig seyn und höchstvoll-
kommen seyn, ist einerley.

Ich versetze mich in Gedanken in die Zeit,
da noch keine Zeit war. Noch floß die E-
wigkeit mit einförmiger Dauer in langwei-
liger Stille unvermerkt hin. Noch war
nichts vergangen, nichts zukünftig. Der
erste Zeitpunct währete noch immer ohne
Ende fort. Die Natur war noch nicht.
GOtt war nur, und er war allein. Unendlich groß an Macht und an Weisheit war er
sich selbst die höchste Seligkeit. Die Urbil-
der aller möglichen Dinge, und alle Dinge
waren seiner Allmacht möglich, erfülleten
unendlich an der Zahl den unendlichen Umfang seines Verstandes. Der Ewige fühlete
sich allgenugsam, unzählichen Milliarden

von

von Geistern sein Daseyn und seine Seligkeit
mitzutheilen, ohne für sich selbst das Ge=
ringste zu verlieren; und ihr Daseyn und
Seligkeit in alle Ewigkeit zu erhalten und
ohne Ende zu vermehren, ohne durch diese
verschwenderische Freygebigkeit seine Reich=
thümer auf irgend eine Art zu vermindern.
Er durfte nur wollen, um sein Daseyn und
seine Seligkeit in unzählichen Weltgebäu=
den, welche er hätte erschaffen können, und
ihren Bewohnern unzählichemal verviel=
fältiget zu sehen.   Ein Wink von ihm war
genug, um Millionen Welten, wenn er sie
erschaffen hätte, jede mit vielen tausend
Millionen Geschöpfen zu besetzen, welche
alle, mehr oder weniger, nach dem verschie=
denen Maaße ihrer Fähigkeiten, Theil an
seiner Glückseligkeit nehmen, und in dem
Glücke ihres Daseyns die Güte ihres Schö=
pfers empfinden konnten. Konnte wohl gegen
einen solchen Anblick der Allervollkommenste
gleichgültig seyn? Kann ich mir wohl ohne
Lä=

Lästerung GOtt als unempfindlich denken gegen das Vergnügen, der Wohlthäter von tausend und tausend Welteinwohnern zu seyn. Ein Vergnügen, welches das Einzige in seiner Art, welches unendlich ist, und dessen fähig zu seyn ein eigenthümliches Vorrecht der Gottheit ist? Nein, so unbegreiflich mir auch immer das Wesen der Gottheit ist, so begreife ich doch so viel, daß, wenn ein GOtt ist, er höchstgütig seyn muß. Die Neigung, sich mitzutheilen, gründet sich so sehr in seinem Wesen, ist so unzertrennlich von ihm selbst, und so tief in alle seine Eigenschaften mit eingeflochten, daß man alle seine wesentlichen Eigenschaften zugleich mit behauptet oder läugnet, wenn man ihm die höchste Güte zueignet oder abspricht. Sie, diese Güte, ist das Leben und die Seele der Gottheit. Weisheit und Allmacht werden nur durch sie zum wirken bestimmet. Sie ist die einige und ewige Triebfeder aller göttlichen Handlungen.

Ohne

Ohne ſie wäre der unendliche Verſtand der
Gottheit nur ein todter Spiegel, welcher
die bloſſen Bilder aller möglichen Dinge,
ohne die geringſte weitere Wirkung, vor=
ſtellen würde. Ohne ſie wäre die Allmacht ei=
ne lebloſe Kraft, welche ohne Wirkſamkeit
durch alle Ewigkeiten ſchlafen würde. Ohne
ſie wäre die ganze Gottheit eine unendliche
Maſchine, welche ewig ſtillſtünde, weil der
Trieb fehlete, der ſie in Bewegung ſetzete. Ein
GOtt ohne Güte iſt ein Körper ohne Seele.

Himmel und Erde ſtehen zum Beweiſe
dieſer Wahrheit auf. Sie ſind, weil die
allmächtige Güte ihr Daſeyn gewollt hat.
Sie wären nicht, wenn dem Unendlichen
nicht ein unſterblicher Hang, ſich mitzuthei=
len, beywohnete. Das Daſeyn der Wir=
kungen beweißt unwiderſprechlich das Da=
ſeyn ihrer Urſache: und der unermeßliche
Umfang dieſer Wirkungen machet der uner=
meßlichen Gröſſe der göttlichen Güte Ehre.
Die ganze Schöpfung, unendlich ausge=
brei=

breitet durch die Höhe, Tiefe, Breite, und
Länge des unbegränzten Raumes, welchen
die Hand der Allmacht abgemessen, ist der
Schauplatz, auf welchem die ewige Güte
ihre Wunder verrichtet, und Welten zu Zu-
schauern hat. Sie ist die Quelle, aus welcher Leben und Seligkeit das ganze Gebieth
der Natur durchströmen, Himmel und Erde erfüllen, und die Fähigkeiten aller Wesen
ersättigen. Durch sie theilet der Allmächtige gleich sorgfältig gegen die Bedürfnisse
der kleinsten Insecten und des größesten Erz-
engels, die Reichthümer seines unerschöpflichen Schatzes mit göttlicher Unparthey-
lichkeit unter alle Wesen aus. Durch sie ist
die ganze Gottheit Thätigkeit, und ihre
ganze Thätigkeit ist Liebe.

Ich selbst, ich bin: und mein Daseyn ist
ein Beweiß von der Güte meines Schöpfers,
weil es eine Wirkung von ihr ist. Der Unendliche fand mein Daseyn so glücklich für
mich, daß er sich entschloß, es mir nicht
vor=

vorzuenthalten. Er gab es mir, und ſo ward
ich. Er verſah mich mit der Fähigkeit zu
empfinden und zu denken. Um dieſe Fähig=
keit gebrauchen zu können, waren mir ſinn=
liche Werkzeuge nothwendig. Er gab ſie mir.
Mit einer Sorgfalt, welcher auch Kleinig=
keiten nicht gleichgültig waren, ſo bald ſie
einen Einfluß in meine Glückſeligkeit haben
konnten, war er bemühet, mein Daſeyn,
ſein Geſchenk, mir angenehm zu machen.
Er both ſeine Weisheit und Macht auf, um
alles in der Natur, was auf mich eine Be=
ziehung hatte, ſo zu ordnen, daß ich mein
Weſen lieb gewinnen und gern ſeyn könnte.
Er ſetzte mich in eine Welt, welche mit tau=
ſend Annehmlichkeiten verſehen, mit tau=
ſend Reizungen geſchmückt iſt. Er ſchenkte
mir dieſe Welt zum Eigenthume. Er mach=
te mich über dieſen Theil ſeiner Schöpfung
zum Herrn, indem er mir Sinnen gab,
durch welche ich die Annehmlichkeiten em=
pfinden, und die Güter genieſſen konnte,
wel=

welche seine freygebige Huld in so reichli=
chem Ueberflusse in denselben ausgestreuet
hatte. Er befahl der Sonne, für mich zu
leuchten, und die Empfindungen der sicht=
baren Schönheiten der Schöpfung mit den
Strömen ihres Lichtes mir zuzuführen.
Auf seinen Befehl wehen sanftwallende Lüf=
te mir die geistichen Düfte zu, welche sie für
mich von balsamischen Pflanzen ablösen,
und welche in eben dem Augenblicke mich
durch die entzückende Empfindung des Ge=
ruches ergötzen, in welchem sie meinen Le=
bensgeistern neuen Unterhalt verschaffen,
und meine Lebens= und Denkenskräfte ver=
mehren. Er begabete die Speisen, welche
er mir zur Nahrung bestimmet, mit der
Zauberkraft des Geschmackes, und verknü=
pfete mit einer der nothwendigsten und un=
entbehrlichsten Lebensverrichtung die an=
nehmlichste Reizung. Durch eine unauf=
hörliche Abwechselung des Vergnügens
muß die Natur meinem Ekel vorbeugen. Je=
de

de Jahreszeit muß durch neue Ergötzlichkei-
ten dem Ueberdruſſe zuvorkommen, und die
Luſt meines Daſeyns neu erhalten. Auf das
freudige Geräuſche des Tages hieß er die ge-
fällige Stille der Nacht folgen, um mich
einzuladen, die Geſchäftigkeit mit der Ruhe zu verwechſeln, und durch einen ſanften
Schlummer zu den neuen Empfindungen eines morgenden Daſeyns mich zu ſtärken. In
Wahrheit, wenn der Gedanke, daß die ganze
Schöpfung nur für den Menſchen ſey, ein
Irrthum iſt: ſo iſt er zu gleicher Zeit ein Geſtändniß der Gröſſe des menſchlichen Glückes.

Die Gabe der Erfindung und die Freyheit,
ſich derſelben zu ſeiner Glückſeligkeit zu be-
dienen, iſt das königliche Vorrecht denkender Weſen. Auch dieſe ſchenkte die unendliche Güte den Menſchen. Nicht zufrieden,
ihm alles Gute, deſſen er benöthiget war,
von auſſen zuflieſſen zu laſſen, verſah ſie ihn
mit einem innern Vermögen, ſeine Glück-
ſelig-

sigkeit nach seiner Willkühr zu vergrössern,
durch neue Erfindungen sich neue Arten
des Vergnügens zu erschaffen, und von einem Theile seines Glückes selbst der Schöpfer zu seyn. Der Allmächtige ließ einen
Theil der Schöpfung unausgearbeitet. In
diesem Theile überließ er es dem Menschen,
seinen Witz zu üben, der Natur durch die
Kunst zu Hülfe zu kommen, die zerstreueten
Schönheiten der Schöpfung an einem Orte
für sich zu versammlen, aus einzelnen Vergnügungen zusammengesetzte hervorzubrin-
gen, und die mannigfaltigen Arten seines
Glückes noch mehr zu vervielfältigen. Er
erlaubete es ihm, seinem Schöpfer nachzuahmen, und über die Empfindung seines
Glückes auch noch das Vergnügen zu haben,
sich selbst zum Theil als den Urheber desselben anzusehen. Er trat ihm mit einer göttlichen Uneigennützigkeit einen Theil seiner
Vorrechte ab, und belehnete ihn mit einem
seiner erhabensten Vorzüge.

Noch

Noch hatte die unendliche Güte nicht ge=
nug für die Glückſeligkeit des Menſchen ge=
than, weil ſie noch nicht alles gethan hatte.
Der einzelne Menſch war nur einer einzel=
nen Glückſeligkeit fähig. Die Geſellſchaft
konnte dieſelbe unendlich vergröſſern. Die
gegenſeitige Beyhülfe verſchiedener Weſen,
welche ihre verſchiedenen Gaben und Fähig=
keiten zu einem gemeinſchaftlichen Endzwe=
cke anwenden, machet allererſt das Glück
denkender Weſen vollkommen. Die Schätze
der Schöpfung reicheten zum Unterhalte
vieler Millionen zu: und der geſchäfftige
Fleiß eines einigen Menſchen war nicht hin=
länglich, um ſich alle dieſe Schätze zu Nutz
zu machen. Die zuſammengeſetzten Bemü=
hungen vieler Menſchen, deren jeder mit be=
ſonderen Gaben zu beſondern Geſchicklich=
keiten verſehen, und zu beſondern Erfindun=
gen aufgelegt war, wählete die allwiſſende
Güte zu einem Mittel, um ihre ganze Schö=
pfung dem menſchlichen Geſchlechte brauch=
bar

bar zu machen, und den Menschen in den
Stand zu setzen, alle darinn gelegten Gü=
ter zu seiner Glückseligkeit zu nutzen. Nun
wird die Geschicklichkeit eines jeden Mitglie=
des ein allgemeines Gut der Gesellschaft.
Jeder genoß die Früchte seiner Erfindung,
und indem er auch andere Theil daran neh=
men ließ, wurde er durch eine gegenseitige
Theilnehmung an den ihrigen überflüßig be=
lohnt. Er gab und empfieng wechselsweise;
diese gegenseitige Gefälligkeit machte einen
Menschen zum Wohlthäter des andern, und
knüpfte die Bande der Gesellschaft durch den
Reiz einer Glückseligkeit, woran alle Theil
nahmen. Durch sie wurde ein Mensch des
andern GOtt, und die Seligkeit des Wohl=
thuns ein Vorrecht der Menschheit. Die
ewige Liebe stiftete die zärtlichen Verhält=
nisse, welche die Menschen noch genauer
mit einander verknüpfen, und sie der sanf=
ten Empfindungen der Liebe fähig machen;
der Liebe, dieser fruchtbaren Quelle des
H   edel=

edelſten Vergnügens; der Mutter der Tu=
gend und der Glückſeligkeit. Sie wächſt mit
den Kräften des Geiſtes; ſteigt ſtuffenweiſe
höher: bis ſie, durch die Vernunft völlig
geläutert, den höchſten Gipfel der Voll=
kommenheit erreichet und zur Freundſchaft
wird. Sie, die Freundſchaft; die Tochter
der Vernunft und der Tugend; rein von al=
lem, was zur thieriſchen Schöpfung gehö=
ret; ein Weſen von himmliſcher Abkunft;
beſtimmt die Seligkeit des Menſchen in der
Seligkeit zu ſeyn; das höchſte Gut der Er=
de wurde vom Himmel herabgeſandt, Tu=
gendhafte ſchon zum voraus zu beſeligen,
und mit einer Erfindung der Engel die Schä=
tze der Menſchen zu bereichern. Ein allge=
meines Gut, allen Menſchen zugedacht, und
nur den Königen verſagt.

So ſehr war der Menſch der Liebling
des Schöpfers! zu einem ſo glücklichen We=
ſen hat mich der Wille des Allmächtigen ge=
macht! Was kann wohl hiebey die Abſicht
des

des Unendlichen gewesen seyn? Konnte der
sich selbst zur Absicht haben, der keines Zu-
satzes an Grösse oder Seligkeit fähig ist? Und
was konnte er von einem Wesen, wie ich bin,
welches alles, was er hat, von ihm hat, für
sich erwarten? Was hatte ich, der ich seit
gestern bin, dem Ewigen zuvor gegeben,
welches ihn nöthigte, auf die Wiederver-
geltung bedacht zu seyn? Oder, was kann
ich denken, daß ich in Zukunft für ihn thun
könnte, in Ansehung dessen er suchen müßte,
mich ihm durch vorhergehende Wohlthaten
zu seinem Vortheile zu verbinden? Wenn
die Neigung, sich mitzutheilen, der Gottheit nicht eben so wesentlich, als alle ihre ü-
brigen Eigenschaften, ist; wenn Gott nicht
die Liebe selbst ist, so ist mein Daseyn eine
Wirkung ohne Ursache, und mein Glück ein
unauflösliches Räzel. Die Absicht eines
unendlichen Schöpfers kann nur allein die
höchste Glückseligkeit seiner Geschöpfe seyn.
Muß aber nicht die Absicht des Allwissen-

den und Allmächtigen nothwendig erreichet
werden? Und wird ſie wohl bey dem gröſſeſten Theile des menſchlichen Geſchlechts erreichet? Widerſpricht nicht die tägliche Erfahrung meinen Schlüſſen? Wenn eine allmächtige Güte den Menſchen zur höchſten
Glückſeligkeit geſchaffen hat; warum iſt
denn ſein Zuſtand faſt das gerade Gegentheil? Die ganze Schöpfung ſoll für den
Menſchen ſeyn; und es fehlet nicht viel, daß
ſie nicht ganz wider ihn iſt, Ihm leuchtet die
Sonne, um ihm eine Menge von Uebeln
ſichtbar zu machen, die täglich unter ihr geſchehen.   Wider ihn ſind alle Elemente im
Streit.   In der Natur iſt nichts ſo gering,
daß nicht mit genugſamen Waffen zu ſeinem
Verderben verſehen wäre.   Die Speiſen,
welche ihn nähren; das Waſſer, das ihn
tränket! die Luft, welche er athmet, ſind
die gewöhnlichſten Werkzeuge zur Zerſtö-
rung ſeines Weſens.   Die bloſſe Kenntniß
der verſchiedenen Arten von Uebeln, welche
daher

daher entstehen, ist eine der weitläuftigsten
seiner Wissenschaften. Mit was für einer
genauen Kargheit sind ihm die Güter des
Glückes zugemessen? Für einen, der Ueber=
fluß hat, leiden tausend Noth; und diesen
einen Glücklichen setzet der Ueberfluß, der
sein Vorzug ist, tausend Unruhen bloß.
Stoff zu Elend finden alle überflüßig. Der
Mensch ist an innern Vorzügen weit über
die thierische Schöpfung erhaben; aber an
Glück desto tiefer unter dieselbe erniedriget.
Er pranget mit dem göttlichen Vorrechte der
Vernunft. Aber dieses Vermögen, ihn
glücklich zu machen, ist in den meisten Hän=
den ein zweyschneidiges Schwert, welches
ihr Vergnügen und ihre Ruhe bis auf das
Leben verwundet. Durch sie wird der Mensch
sinnreich zu seiner Noth, der Erfinder neuer
Arten seines Elendes, und der Schöpfer un=
zählichen Uebels in der Gesellschaft. Von
Sorgen, Furcht, Neid, Haß und Kummer,
wechselsweise gequält, ist seine vornehmste

Be=

Beschäfftigung ein beständiger ängstlicher
Kampf wider das Elend; und besteht sein
grössestes Glück darinn, diesen Kampf, so
viel möglich, zu verlängern, oder wie es in
der Sprache der Menschen heißt, das Leben
zu erhalten; das Leben, dessen glücklich=
ster Zeitpunct derjenige ist, mit welchem
sich dasselbe im Tode endet. Und ist denn noch
der Mensch von einer unendlichen Güte zu
der höchsten Glückseligkeit bestimmt? Und
ist denn noch die Güte die einige und ewige
Triebfeder aller Unternehmungen des
Schöpfers?

Ja, sie ist es noch immer? Meine Schlüsse
bestehen noch in ihrer völligen Stärke. Was
auch die Erfahrung von dem Zustande des
Menschen lehren mag, so bleibt es doch im=
mer wahr; daß der Mensch mit hinlängli=
chen Fähigkeiten versehen ist, um sich alle
die Glückseligkeit zu verschaffen, zu deren
Genuß seine Natur aufgelegt ist.   Und aus
welchem andern Grunde, als allein aus An=
trieb

trieb der Güte, hat ihm der Schöpfer diese
Fähigkeiten verleihen können? Von der Art
des Gebrauches, welchen er von diesen Fähigkeiten machte, hieng nunmehr sein Glück
ab. Diese aber zu wählen, stand in seiner
Freyheit. Wenn ihm eine vernünftige An-
wendung seiner Fähigkeiten glücklich macht,
so muß der Mißbrauch derselben nothwendi-
ger Weise das Gegentheil wirken; und ist
nicht dieser Mißbrauch die wahre Quelle des
zahlreichen und empfindlichsten Elendes der
Menschen? Aber sah nicht die Weisheit des
Schöpfers dieses alles voraus? Und warum
verhinderte sie es nicht? Unstreitig sah sie
das alles voraus, was uns gegenwärtig die
Erfahrung gelehret hat; aber sie sah noch viel
mehr, als das. Sie sah es, wie unentbehrlich es dem Menschen zu seinem Glücke sey,
eine Fertigkeit in dem vernünftigen Gebrauche seiner Kräfte erhalten. Diese konnte ihm
nicht anerschaffen werden. Er konnte sie nur
durch Erfahrung kennen, und durch Uebung

ge=

gebrauchen lernen. Er hatte hiezu einer Art
von Erziehung nöthig, und die Beſorgung
derſelben nahm die unendliche Güte über ſich.
Sie ſetzete den Menſchen in den Stand der
Uebung, in welchem er ſich gegenwärtig befindet... Sie läßt ihm ſeine Freyheit, ſeine
Kräfte auf allerley Art zu verſuchen, und
nach ſeiner Willkühr den Gebrauch von ſeinen Fähigkeiten zu machen, welchen er für
gut findet. Sie läßt ihn alle die Folgen empfinden, welche natürlicher Weiſe aus ſeinen Handlungen flieſſen. Die Erfahrung,
der ſicherſte Lehrer endlicher Weſen, ſoll ihn
Weiſe machen. Er ſoll ſelber durch die Empfindung der traurigen Folgen des Laſters
überzeuget werden, daß es kein Eigenſinn
ſeines Schöpfers ſey, welcher ihm dieſelbe
unterſaget hat. Durch eigenen Schaden ge-
witziget, ſoll er zu einer feſten und dauerhaf-
ten Entſchlieſſung gebracht werden, das er-
habnere Glück zu ſuchen, zu welchem er beſtimmet iſt, und es auf dem Wege der Tugend

gend zu suchen, durch Erfahrung überzeugt,
daß es auf keinem andern zu finden sey. Zärt=
lich sorgfältig ihres Zweckes nicht zu ver=
fehlen, legete sie seinen Ausschweifungen
einen Zügel an, durch die vielfachen Uebel,
wodurch ihm die Lust verbittert wird, wel=
che er zu seinem Verderben in den niedern
Vergnügungen suchet, um deren willen er
sein wahres Glück hindansetzet. Die ganze
Reihe der natürlichen Uebel, die ungleich
grössere, welche sich der Mensch durch seine
Thorheiten zuzieht; sind die nachdrücklich=
sten Beweise von der väterlichen Güte des=
sen, welcher mit diesen Uebeln den Ab=
grund eines unendlichen Elendes umdäm=
met, in welchen sich, ohne diese Hinderniß,
die unbesonnene Thorheit des Menschen stür=
zen würde. Je mühsamer der Weg ist, wel=
cher mich zu meiner Bestimmung führet,
und je stärker die Mittel sind, durch welche
die höchste Güte den Abwegen vorbeuget,
auf welchen ich mich verlieren könnte; desto
mehr

mehr wächſt der Begriff, welchen ich mir
von der Seligkeit mache, welche meinend=
liches Ziel iſt: deſto mehr empfinde ich die
Unendlichkeit der Güte, welche mir dieſes
Ziel geſetzet hat, und durch ihre unabläßige
Bemühung mich dahin zu führen ſuchet.

Wie unausſprechlich reizend iſt aber nicht
die Seite, an welcher dieſe Eigenſchaft der
Güte mir meinen Schöpfer zeiget? Er, das
einige Weſen in ſeiner Art, iſt aus ſich
ſelbſt, ewig, gleich groß an Verſtande, und
an Macht, an beyden unendlich. So ſehr
ihn dieſe Eigenſchaften von allen Weſen un=
terſcheiden, und vor allen Weſen kennbar
machen, ſo ſehr laſſen ſie mich zu gleicher
Zeit die Entfernung empfinden, in welcher
ich mich von ihm befinde. Die unendliche
Kluft, welche zwiſchen ihm und mir iſt,
ſcheint mich auf ewig von ihm zu trennen.
Er wohnet in einem für mich unzugängli=
chen Lichte. Geblendet von dem flammen=
den Glanze ſeiner Gottheit, verliere ich alle
Hoff=

Hoffnung, jemals von ihm etwas erwarten zu dörfen. Die blosse Vorstellung seiner alles erfüllenden Grösse drücket mich gänzlich nieder, und ich fühle nur, wie nichts ich bin. Jede seiner Eigenschaften erwecket in mir ein geheimes Schaudern, und alle meine Empfindungen gegen ihn sind Furcht=== Aber! er ist zu gleicher Zeit gütig, unendlich gütig. Er ist die Liebe selbst. Ein unwiderstehlicher Hang, sich mitzutheilen, ist ihm natürlich. Ihm wohnet ein unendlicher Trieb bey, wohlzuthun, und alle seine Geschöpfe zu beseligen. Er hält das Vermögen, Welten glücklich zu machen, für das herrlichste Vorrecht seiner Gottheit. Seine Seligkeit würde ihm gleichgültig seyn, wenn er sie nicht mittheilen könnte. Gütig zu seyn steht nicht in seiner Willkühr. Es ist in seinem Wesen gegründet. Er müßte sich selbst verläugnen können, um es nicht zu seyn. Seine Schätze sind unendlich, wie er, Er vertheilet sie alle unter seine Geschöpfe, und

und ſie bleiben ihm ganz. Ihm iſt Wohlthun
Seligkeit, und er iſt hôchſtſelig = = = Und
dieſer iſt mein Schôpfer? Der, durch deſſen
Willen ich bin? Dieſer unendlichen Gûte
verdanke ich mein Daſeyn? Dieſer iſt der
Gott, durch den ich bin, und durch den ich
ewig ſeyn werde? Wie unausſprechlich groß
iſt mein Glûck! mein Geiſt iſt zu klein, ſei=
ne Grôſſe zu faſſen! Der Unendliche liebet
mich! er liebet mich mit einer Liebe, welche
ſchlechterdings gôttlich, nur ihm môglich
iſt! Mein ganzes Weſen iſt eine Wirkung
von dieſer Urſache? Mein Daſeyn grûndet
ſich in ihm! Seine ganze Seligkeit, ſo viel
ich deren fähig bin, iſt fûr mich! Er iſt un=
veränderlich entſchloſſen, mir nichts vorzu=
enthalten, was mich beglûcken kann. Die
Ewigkeit, die ſelige Ewigkeit iſt mein! Gott
ſelbſt iſt mein!

Unausſprechliche Empfindungen bemei=
ſtern ſich meiner ganzen Seele! Mein gan=
zes Herz wallet von entzûckenden Regungen

der erhabensten und reinsten Freude! Wo
finde ich Worte, mein Glück zu beschreiben,
und dem unruhigen Triebe der Dankbarkeit
genug zu thun, welcher meine ganze Seele
erfüllet? GOtt! mein Vater! zu welchem
ich mit Wallungen einer kindlichen Liebe fle=
he! welchen meine ganze Seele anbethet!
Wie soll ich deine Liebe gegen mich erwie=
dern? Eine unwiderstehliche Gewalt reißt
mich mit der Geschwindigkeit des Windes,
und doch noch langsamer, als ich es wünsche,
zu deinem Throne hin. Ich bin ganz dein,
und alles, was ich kann und habe, ist von
dir! Womit soll ich den Anfang machen, die
ewige Schuld abzutragen, womit ich dir
verhaftet bin! Du bist der Unendliche!
Nichts bleibt mir übrig, als die Unendlich=
keit deiner Güte zu erkennen, meine Selig=
keit zu empfinden, und mich zu der künftigen
Seligkeit vorzubereiten. Und hierinn be=
stehen alle Pflichten, welche du von mir fo=
derst? Wenn anders sich selbst lieben und sei=
ne

ne Glückſeligkeit befördern, eine Pflicht
heiſſen kann. Mit welcher göttlichen Unei=
gennützigkeit muß der lieben können, der zur
Vergeltung ſeiner Wohlthaten keine andere,
als ſolche Pflichten, fodert! Ja, Allergü=
tigſter! ich erkenne die Gröſſe deiner Güte,
und den Werth deiner Wohlthaten! Ich lie=
be mein Daſeyn, weil es dein Geſchenk iſt!
Ich liebe alle Umſtände meines Daſeyns,
und den Zuſtand, in welchen du mich haſt
ſetzen wollen, weil ſie dich zum Urheber ha=
ben! Ich bin von ganzem Herzen mit dem
Schickſal zufrieden, welches du mir zuge=
dacht haſt, und völlig überzeugt, daß es das
ſeligſte für mich iſt! Ich empfinde es mit der
zärtlichſten Dankbarkeit, daß du, gütig=
ſter Vater! die Wahl deſſelben nicht mir
überlaſſen haſt! Das Glück, Welten zu ge=
biethen, und eine unterwürfige Schöpfung
durch meinen Wink zu regieren, wäre mir
unausſprechlich gering gegen das, mein
ewiges Glück in deinen allmächtigen Vater=
hän=

händen zu wissen! ohne Sorgen, ohne Kummer, überlasse ich mich mit dem zuversichtlichsten Vertrauen auf deine unendliche Güte. Führe mich nach deinem Rath. Ich folge dir mit Freuden. Nie will ich, wie auch mein Schicksal seyn mag, mit murrender Unzufriedenheit deine Verhängnisse tadeln! Sie sind alle, ich weiß es gewiß, Treue und Liebe! Nie will ich meinen Einsichten wider die Vorschriften deiner Gebothe folgen! Mit kindlicher Selbstverläugnung unterwerfe ich alle meine Neigungen deinem allein guten Willen! Dein Gesetz ist mein grössestes Gut, und ich will es über alles lieben. Deine Güte ist mir besser, denn das Leben. Willig und gern will ich es verlassen, wenn du es foderst. Mein Tod ist mein Glück, wenn du ihn willst. Ich werfe mich ohne Unruhe in seine Arme, denn er führet mich zu dir! O seliger Augenblick! in welchem mein erlöseter Geist, nach überstandnen Prüfungsjahren, von der Erde

losgeſprochen und zum Glücke des Himmels
fähig erkläret wird.   Dann werden ſich die
Abſichten deiner Güte entwickeln, und der
Ausgang meines Schickſals wird dich, den
Unendlichen, rechtfertigen.   Dann werde
ich, in deinem ewigen nicht mehr ſchrecklichen Lichte, umſchloſſen von deiner Liebe,
ſelig durch deine Gnade, durch Erfahrung
empfinden, wie ſehr ich dein bin, wie nahe
ich dir angehöre, wie ich nichts, als eine
Kraft von deiner ewigen Kraft, als ein Licht
bin, welches von dir, dem ewigen Lichte,
entzündet worden, von dir genähret wird,
und durch einen unſterblichen Hang zu dir,
ſeinem Urſprunge, gezogen wird, und mit
dir vereiniget, Theil an deiner Seligkeit
nimmt. Unbegreifliches Glück! ſelige Be-
ſtimmung! faſt für meinen Glauben zu
groß, und über alle meine Wünſche erhaben!
Groß genug, dich zu hoffen; zu klein, dich
        zu faſſen; bethe ich an, und
                verſtumme.

                        Zehn-

Zehntes Stück.
Der Morgen.

Ich Weisheit liebe, die mich lieben, und die mich früh suchen, finden mich.

Ich lebe von neuem. Als ich gestern die Empfindungen meines Daseyns verlohr, verließ ich die Welt unter der Herrschaft einer allgemeinen Finsterniß. Itzt finde ich die ganze Schöpfung erleuchtet. Ein neuer Tag hat den Thron bestiegen, welchen der gestrige ledig gelassen, und er herrschet mit allen Vorrechten seines Vorgängers. Die Nacht ist völlig verschwunden, ohne die geringste Spur von sich zurückgelassen zu haben. Ihre finstre Stunden sind in unvermerkter Stille vorbeygeflossen, indem ich ohne Empfindung und Bewußtseyn, todt für mich und für die Welt, in den sanften Armen eines ruhigen Schlafes lag. Die schlaflose Natur war indessen nicht unwirksam. Sie arbeitete mit unermüdeter Thätigkeit an einem neuen Tage für die Welt,

und an einem neuen Leben für mich. Geſtern
war das Uhrwerk meines Körpers abgelau-
fen. Die Quelle der Lebensgeiſter war er-
ſchöpft. Die Nerven erſchlafeten, und
verſageten meinem Willen den Gehorſam.
Die ungelenkigen Werkzeuge der Sinnen
waren der Seele unbrauchbar. Auſſer
Stand geſehet zu wirken, gab ſie ihr Recht,
thätig zu ſeyn und zu denken, auf, weil ſie
ſich ohne Kräfte fühlete, es zu behaupten.
Sie verſank in eine gedankenloſe Unem-
pfindlichkeit. Eine allgemeine Betäubung
bemächtigte ſich meiner ganzen Natur: und
verſetzte mich in einen Zuſtand, welchen
nichts, was mir empfindlich geweſen wäre,
von dem Nichtſeyn unterſchied. Itzt erwache ich, und fühle mein verlohrnes Leben in
völliger Stärke wieder. Meine Nerven
ſind aufs neue auf den zur Thätigkeit gehörigen Grad geſpannet. Meine Sinnen ſind
wieder, was ſie geweſen ſind, und ſtehen
mit der fertigſten Bereitwilligkeit meinen
Wil-

Willen zu Befehle. Der Zeit, da ich von
mir selbst abwesend war, bedienete sich die
Natur, welche die Geheimnisse liebet, und
gern ohne Zeugen wirket, um in ihrer ver-
holenen Werkstätte frische Lebensgeister für
mich zu bereiten, und die Behältnisse wieder zu füllen, welche meine gestrige Geschäff-
tigkeit geleeret hatte. Ihrer thätigen Vorsorge habe ich das heutige Leben zu danken,
welches ich itzt empfinde und geniesse, ohne
daß ich mir bewußt wäre, auf welche Art
ich es verlohren und wiederbekommen habe.
Es ist ihr Geschenk. Oder vielmehr, es ist
das deinige, allgemeiner Vater! und Herr
der Natur! Du schenkest dem Schlafe die
Kraft, durch welche er mich begeistert, und
machest die Vernichtung zur Quelle meines
Lebens. Du erschaffest mich mit jedem
Morgen, und mit jedem Tage ist deine Güte neu. Du lässest mich täglich mit erneuer-
ter Lebhaftigkeit das Glück empfinden, durch
welches mein Daseyn ein Gut für mich
wird,

wird, das Glück, von dir abzuhangen, und
durch dich zu ſeyn.   Du erneuerſt mit jedem
Morgen die Bande, welche mich auf ewig
mit dir verknüpfen.   Du macheſt es mir
unmöglich, zu denken, daß ich bin, ohne
zugleich zu empfinden, daß ich von dir bin.
Dir! von neuem mein Schöpfer! ſeyn die
erſten meiner heutigen Empfindungen heilig.   Die liebenswürdigſte Seite meines
abermaligen Daſeyns iſt die, an welcher ich
es als ein Geſchenk von deinen Händen anſehe.   Ich bin, ich lebe noch, weil die ewige
Güte es will.   Selige Empfindungen! euer Gegenſtand und euer Zeuge iſt eben der,
durch deſſen Wohlthat ich euer fähig bin!

Ich bin von neuem gebohren.   Ich fühle
meine Kräfte verjüngt.   Sie ſind noch durch
keinen Gebrauch geſchwächt, und zu allem
aufgelegt, wozu ich ſie anwenden will.   Ein
Ueberfluß von neuen Lebensgeiſtern erfüllet
alle Nerven.   Sie drängen ſich voll unru-
higer Thätigkeit, genutzet zu werden.   Sie
er=

erwarten nur von mir den Wink, welcher
die Art ihrer Wirksamkeit bestimmet; und
die Beschaffenheit ihrer Beschäftigung
hängt ganz und gar von meiner freyen Wahl
ab. Von wie grossem Werthe sind diese er=
sten Augenblicke des Tages für mich? Von
der Art, wie ich sie anwende, hängt größ=
tentheils das Schicksal ihrer Nachfolger ab.
Der Morgen hat auf den Tag, dessen An=
fang er ist, dasselbige Verhältniß, welches
die Jugend auf das ganze Leben hat, wovon
sie der erste und angenehmste Theil ist. Die
ersten Eindrücke dieser Zeiten sind der Saa=
me, ans welchem in den folgenden Früchte
erwachsen, gute oder böse, nachdem der
Saame beschaffen gewesen. An jedem
Morgen werden die Nerven der Seele auf
den Ton gestimmet, welchen sie den Tag ü=
ber mehrentheils zu behalten pflegen. Die
Triebfeder wird aufgezogen, welche in alle
Handlungen der folgenden Stunden wirket.
Die ersten Gedanken des Morgens sind die

J 3

Blü=

Blüthen von den Früchten, welche am Ta=
ge reif werden, und in welchen ich am Abend
Reue oder Zufriedenheit einernde. Itzt hält
die Seele Rath. Ihre itzige Entſchlieſſun=
gen beſtimmen zugleich die Beſchäftigung
des Tages, und das Glück des Abends. Itzt
iſt mir es am nützlichſten, weiſe zu ſeyn,
und am leichteſten, es zu werden.

Die erwachte Welt rüſtet ſich zu den Ge=
ſchäften des heutigen Tages. Jeder Menſch
hat den Entwurf gemacht, mit deſſen Aus=
führung er an dieſem Tage bemüht zu ſeyn
gedenkt. Entwürfe von ſo verſchiedener
Art, als es die Neigungen ſind, welche ſie
zur Quelle haben. Gleich mit dem Anbru=
che des Tages erwachet der Sklave der Ehr=
ſucht. Sein erſter Gedanke iſt die Fortſe=
tzung des letzten, welchen der Schlaf unter=
brochen hat. Seine erſten Blicke ſind nach
der Höhe gerichtet, zu welcher er ſchon ſeit
vielen Jahren mühſam hinaufkreucht, und
von welcher er ſich zu bereden ſuchet, daß ſie

das

das letzte Ziel seiner Wünsche und die höchste Stuffe seines Glückes sey. Durch eine langwierige Uebung hat er es in der edlen Kunst, sich knechtisch zu bücken, zu einem seltenen Grad der Vollkommenheit gebracht. Der heutige Tag wird ihm die so lange umsonst gesuchte Gelegenheit verschaffen, in mehr, als einem Vorzimmer, Proben dieser Geschicklichkeit sehen zu lassen. Wie glücklich wird er sich am Abend schätzen, wenn er in dem gnädigen Lächeln eines vornehmen Gönners den Lohn für einen aufgeopferten Tag mit nach Hause bringt? Ein Lohn, welcher an den Abenden noch vieler Jahre, ihn wird glücklich machen müssen, ehe ihn die Reihe trift, sich in eben so wohlfeilen Preise gleiche Aufwartungen von andern zu erkaufen = = = Dort erhebt sich der Geiz von dem Lager, auf welches er seine dürren Glieder, nicht um auszuruhen, sondern nur um deswillen ausgestrecket hat, damit er seinen gestrigen Gewinn ungestört über=

den=

denken, und ſeinen heutigen ausrechnen
könne. Nichts ſcheint ihm in der Natur ſo
ſehr ein Ueberfluß zu ſeyn, als die Nacht.
Es iſt ihm unbegreiflich, zu was ſo viele
Stunden nützlich ſind, in welchen er nichts
erwerben kann. Auch durchwachete er ſie
voll banger Unruhe. Schon unzähligemal
hatten ſich ſeine ſchlafloſen Augen nach der
Sonne umgeſehen. Der Tag bricht end=
lich zu ſeiner Freude an. Feſt entſchloſſen,
keinen Theil deſſelben ungebraucht zu laſſen,
fängt er mit der Sonne zugleich ſein Tage=
werk an. Wie ſelig wird er ſeyn, wenn er
am Abend den Gewinn in ſeinen Händen
hält, welchen er durch die bekümmerten
Sorgen einer langen Nacht, und durch den
unermüdeten Fleiß eines ganzen Tages
mühſam genug erworben hat? Wie kräftig
wird ihn dieſes Glück anſpornen, künftig
mit verdoppeltem Fleiße zu arbeiten? = = =
Noch wälzet ſich in den Armen der Faulheit
der müßige Sohn der Wolluſt. Der Tag er=

erwecket ihn zu zeitig, weil er das Fest, wel=
ches er sich gestern schon auf heute bereitet,
nicht eher, als um die Mitte desselben, an=
fangen kann. Unwissend, wie er die mit
keiner Lust besetzten Stunden der Zwischen=
zeit durchbringen soll, zwingt er sich, wi=
der den Willen der Natur, welcher die zu
lange Ruhe zur Last wird, gegen die Em=
pfindung seines Daseyns zu betäuben, und
das Leben, welches ihm der Morgen zu früh
ertheilet, da er mit demselben, ehe der Mit=
tag kömmt, nichts anzufangen weiß, so
viel an ihm ist, zu vernichten. In träger
Betäubung durchträumet er die erste Hälfte
des Tages von den Belustigungen, mit wel=
chen er die andre Hälfte zu tödten gedenkt.
O Sklavendienst der Eitelkeit! Mein Da=
seyn wäre mir ein Fluch, wenn mit demsel=
ben die Nothwendigkeit verknüpft wäre,
deine Fesseln zu tragen!

Nein! ich bin ein Mensch, und ich will
auf eine Art thätig seyn, welche einem
Men=

Menſchen anſtändig iſt. Frey geſchaffen,
will ich kein Knecht der Thorheit werden.
Den Gütern der Welt bin ich zum Herrn
beſtimmt. Sie ſollen nicht mich, ich
will ſie beſitzen. Ich erlaube ihnen das
Recht, mich zu beglücken, aber nur durch
den Gebrauch, welchen mich die Weisheit
von ihnen machen lehret. Durch ihren Ge=
nuß will ich die Güte ihres Urhebers, und
mein Glück, ihn zum Schöpfer zu haben,
empfinden. Mein weſentliches Glück er=
warte ich aus den Händen der Tugend. Ihr,
der Königinn in dem Reiche der Vernunft,
leiſtet mein Herz den Eid der Treue. Mit
einer Gemüthsverfaſſung, welche nach ih=
ren Geſetzen eingerichtet iſt, begebe ich mich
zu den Geſchäfften des heutigen Tages. Auf
ihren Wegen will ich den Verrichtungen
nachgehen, zu welchen mich mein Beruf
beſtimmet; und die Erfüllung aller Pflich=
ten, zu welchen ich dadurch verbunden bin,
ſoll mein Vergnügen und zugleich mein
Lohn

Lohn seyn. Welche Freuden bereitet mir
der Abend, wenn ich diesen Entschliessungen des Morgens getreu bleibe? Und wie
glücklich würde ich nicht seyn, wenn die
Großmuth des Geschickes die Aufrichtigkeit
meiner Gesinnungen mit der Gelegenheit
belohnete, meinem Nächsten zu nutzen, o-
der die Anzahl der Unglücklichen zu vermindern? Wie wenig hätte ich alsdann Ursache, der Ehrsucht ihre Kronen, und der
Wollust ihre Feste zu beneiden?

Eilftes Stück.
Die Vorsehung.

Dennoch bleibe ich stets an dir: denn du hälst mich bey
meiner rechten Hand. Du leitest mich nach deinem
Rath, und nimmst mich endlich mit Ehren an.

GOtt, ein Wesen unendlich von Macht,
Weisheit und Güte, ist der Ursprung
der Welt. Alles, was in der Welt ist, von
dem Grössesten bis zum Kleinesten, hat sein
Daseyn von ihm. Der Wurm ist sein Geschöpf so wohl, wie der Engel. Der eine,
wie

wie der andere, gehöret mit in den Entwurf
der höchſten Weisheit. Die Allmacht wir=
kete mit gleicher Thätigkeit zu beyder Da=
ſeyn. Das Schickſal des einen ſo wenig,
wie des andern, hängt von einem blinden
Zufalle ab. Der Allerweiſeſte hat in bey=
der Erſchaffung einen ihm anſtändigen End=
zweck gehabt. Es müßte ihm an Einſicht
oder an Macht fehlen, wenn er dieſen End=
zweck fahren lieſſe. Beyde ſind Kinder ſei=
ner Allmacht, und alſo beyde Gegenſtände
ſeiner Vorſorge. In der Natur iſt kein
Stäubchen überflüßig. Ein Sandkorn
kann ſo wenig, wie ein Weltgebäude ohne
Urſache geſchaffen ſeyn. Jedes hat in dem
Plane des Allerweiſeſten ſeine eigne Stelle.
Die Veränderungen, welche ſich mit bey=
den zutragen, ſind von dem Allwiſſenden
vorhergeſehen, und von dem Allerweiſeſten
beſtimmet worden. Alle ſind Mittel zu dem
Hauptzwecke, welchen der Unendliche hat.
Hieran zweifeln, heißt an den Eigenſchaf=
ten

ten Gottes, also an seinem Daseyn zwei=
feln. Ist keine Vorsehung, so ist kein Gott.//

Eine unendliche Menge von Theilen, wel=
che mit einander verknüpfet sind, machen
das aus, was wir die Welt oder das ganze
All nennen. Jedes dieser Theile gehöret
wesentlich zu dem Ganzen. Seine mehrere
oder mindere Grösse und Vollkommenheit,
die Stelle, welche es einnimmt, die Ver=
änderungen, welche mit ihm vorgehen, sind,
in Absicht auf das Ganze, nichts weniger,
als gleichgültig. So geringe sie an sich be=
trachtet seyn mögen, so hängt doch von ih=
rer Beschaffenheit die Beschaffenheit des
Ganzen ab. Das Ganze kann das nicht
seyn, was es seyn soll, wenn seine aller=
kleinsten Theile die Eigenschaften nicht in
dem gehörigen und abgemessenen Grade ha=
ben, welche ihr Verhältniß auf den Haupt=
zweck des Ganzen erfordert. Das Allerge=
ringste in der Natur von der weisen Regie=
rung der Vorsehung ausschliessen, heißt die
Züge

Züge des ganzen All in die Hände des blinden Zufalles geben. Das Grössere hängt
von dem Kleinern ab. Wer seinen Haupt-
zweck im Ganzen erhalten will, muß die
vorhergehenden Absichten in kleinern Dingen, in den Theilen des Ganzen, zuvor erreichet haben. Getragen auf den Flügeln
der Winde, schwimmen in der obern Luft-
gegend jene hängenden Meere, von welchen
alles, was in der Luft und auf der Erde lebet, erhalten wird. Aus ihnen träufelt
der Segen auf unsre Felder, welche unsre
Saaten nähret; oder sie fliessen stromweis
von den Bergen durch niedrigere Gegenden,
und schlängeln sich durch Gefilde, welche
durch sie fruchtbar werden. Ohne sie würde in kurzer Zeit der Erdboden zur Wüsten,
und die Wohnung der Lebendigen zu einem
allgemeinen Grabe werden. Aber wie viel
Millionen kleiner Einrichtungen in den
kleinsten Theilen der Materie müssen nicht
vorhergehen, ehe Wolken gebohren werden,
Thau

Thau und Regen fallen, und Flüsse entste=
hen können? Die innere Beschaffenheit der
Luft, des Wassers und der Erde: die gehö=
rigen Grade der Wärme und der Kälte,
durch welche das Entstehen der Dünste und
die Bewegung derselben verursachet wird,
wie viel Eigenschaften setzet dieses alles in
den Theilen der Körperwelt voraus, welche
zu klein sind, als daß sie unsern Augen em=
pfindlich werden könnten, und zu zahlreich,
als daß unsere Vorstellungskraft sie fassen
könnte? Diese Einrichtungen im Kleinen
mußten aber nothwendig vorher gemacht
werden, ehe die grösseren Absichten, welche
die Folgen von ihnen sind, erhalten werden
konnten. Entweder ist das ganze All ohne
Absicht da, oder seine allerkleinsten Theile
haben auch ihre Bestimmung. Die Vor=
sehung erstrecket sich entweder über alles oh=
ne Ausnahme, oder über gar nichts. Hier
ist kein Mittelweg.

Von wie grossem Umfange ist aber nicht
ihr

ihr Gebieth? Ich durchfliege in Gedanken
die ungeheuren Räume der Schöpfung. Ich
denke durch einen Ocean von Geſchöpfen hin. Ich ſchwinge mich in einer gera-
den Linie fort, in der Hoffnung, an ihrem
äuſſerſten Puncte das Ende der Schöpfung
zu finden. Millionen Geſchöpfen laſſe ich
hinter mir zurück, und ich ſehe ihrer noch
eben ſo viel, als im Anfange, vor mir. Jener Nebel von lichten Puncten, welchen ich
in einer ungeheuren Entfernung mit ungewiſſen Blicken kaum entdeckete, hat ſich in
eine Samnlung unzählicher Geſchöpfe
verwandelt. Ich ſtreife ſie durch, und entdecke von neuem lichte Stralen, verſchieden
an Glanz und Gröſſe, wovon die entfernte-
ſten ſich in einem Nebel verlieren, und Gott
weiß, wie viel Millionen ihres gleichen ſie
noch hinter ſich haben. Meine Blicke verlieren ſich in dem endloſen Raume, welchen
ich vor mir ſehe, und welcher noch immer
die Schöpfung iſt. Die Unermeßlichkeit
ver-

verschlingt meine Gedanken, und ich gebe
alle Hoffnung auf, Gränzen zu finden.
Ich ziehe mich zurück in den Theil der Schöpfung, welcher mir näher ist, und dessen
Erforschung mehr in meiner Macht zu seyn,
scheint. Ich kann das Ende der Schöpfung
nicht finden, vielleicht entdecke ich eher ihren
Anfang. Ich beschaue mit begierigen Blicken den Staub, der zu meinen Füssen liegt,
oder dessen leichte Theilchen ein Spiel der
Lichtstralen sind. Ich bewaffne meine Augen, und entdecke zu meinem Erstaunen ein
Thierchen, gegen welches ein Sandkorn eine Welt ist. Viel hundert seines gleichen
könnten dasselbe bewohnen, und diesen Aufenthalt, wie wir die Erde, für einen Welt-
körper ansehen. Ich entdecke Leben und
Empfindung, wo ich die Gränzen des
Nichts zu finden glaubete. Und ist dieses
Thierchen das allerkleinste in der Schöpfung? Endet sich mit ihm das Reich der
Wesen? Was habe ich für einen Schein-

grund

grund, um dieses auch nur zu vermuthen?
Vielleicht hat dieser Bürger des Staubes
gegen ein noch unendlich kleineres Thier, als
er ist, eben das Verhältniß, welches zu
ihm der Elephant hat. Und wenn das ist,
wäre alsdann hier die niedrigste Stuffe der
Schöpfung? Wenn meine Erkänntniß bis
hieher reichen könnte, befände ich mich dann
an den äussersten Gränzen des Nichts? oder
geht die Natur im Abnehmen noch immer
fort? Hier verlieren sich meine Gedanken
auf eben die Art im Kleinen, als vorhin im
Grossen. Vielleicht bin ich noch gar nicht
ausser dem Mittelpuncte der Schöpfung gewesen, und vom Anfange noch so weit, wie
vom Ende, entfernt. Wie will ich schlies-
sen, wo mein Denken aufhöret, und was
kann ich anders hier erkennen, als daß hier
alle meine Erkänntniß ein Ende hat, und
daß hier das Ziel des menschlichen Verstandes ist? Ich halte ein und sammle wieder
Sinnen. Der wie vielste Theil der Schöpfung

pfung wird es wohl seyn, welchen ich in Gedanken durchgestreifet habe? Wenn ich den
grössesten Raum, welchen ich denken kann,
mit Milliarden und abermal Milliarden
vervielfältige, habe ich dann den völligen
Umfang des ganzen Alles, oder auch nur
ein Maaßstab zu seinem Umfange heraus-
gebracht? Oder wenn ich den kleinsten Theil
des Staubes mit Milliarden und abermal
Milliarden vermindere, bin ich dann auf
eins, oder auf den Punct gekommen, nach
welchem unmittelbar das Nichts anfängt?
Wer wird eine Frage entscheiden, in Ansehung deren Erzengel Zweifler sind? So wenig ich hier Gewißheit habe, so unfehlbar
bin ich doch überzeugt, daß in diesem ganzen unendlichen All kein Stäubchen ist, welches nicht die Allmacht geschaffen, die Allwissenheit gekannt, die höchste Weisheit als
nothwendig zu ihren Absichten gefunden,
und über welches nicht die Fürsorge der alles
regierenden Vorsehung sich erstrecket.

So

So unermeßlich iſt der Umfang des Reichs des unendlichen Königes, welcher die Zügel des ganzen All in allmächtigen Händen hält. Er durchſchauet die ganze Natur, und der geringſte Theil der Schöpfung beweget ſich, wie der vornehmſte, nur auf ſeinen Wink. Kein Staubtheilchen verändert ſeine Stelle ohne ſein Vorwiſſen; und die Geburt des Wurmes geſchieht nicht eher, als in dem Augenblicke, welchen er dazu beſtimmet hat. Unbegreiflicher Gott! wie unausſprechlich groß biſt du an jeder Seite, woran ich dich betrachte? Du biſt auf alle Weiſe unermeßlich. Alles, was ich von dir denken kann, iſt, daß du nicht zu denken biſt. Das einige gewiſſe und untrügliche Merkmaal von der Richtigkeit der Begriffe, welche ich mir von deinen Eigenſchaften mache, iſt ihre Unbegreiflichkeit. Du wäreſt der Unendliche nicht, wenn endliche Weſen dich begreifen könnten. So ſehr auch immer der Begriff deiner ſich über alles er=

erstreckenden Vorsehung alle meine Erkänntniß übersteigt, so sehr bin ich eben dadurch
von seiner Wahrheit überzeugt. Er scheint
mir unmöglich, und ist eben deswegen ohne
Widerrede gewiß. Könntest du der Allerhöchste an Macht und Weisheit seyn, wenn
du nicht unendlich thun könntest über alles,
was ich wissen oder verstehen kann?

Lasse ich aber auch vielleicht der Einbildungskraft zu sehr den Zügel? Schweife ich
vielleicht mit meinen Vorstellungen über
die Gränzen der Wahrheit hinaus? Nich-
tiger Zweifel! Sollte ich mehr denken können, als GOtt thun kann? Kann ich dem,
der auf alle Art unendlich ist, zu viel zu-
schreiben? Aber vielleicht eigne ich ihm etwas Unanständiges zu? Vielleicht erniedriget mein Begriff die Hoheit des Allmächtigen? Scheint es nicht mit Recht zu geringe zu seyn für den, dessen ewige Majestät
über den Himmel wohnet, und zu dessen
Füssen sich die Sternen wälzen, auf jeden

Wurm

Wurm zu achten, und die Bewegung des Staubes zu ordnen: Kann, ohne ſeine Gröſſe zu verläugnen, der Allerhöchſte ſich bis zu den Kleinigkeiten herablaſſen, welche ſelbſt in menſchlichen Augen verächtlich und nichtswürdig ſind: Aber! dieſe Kleinigkeiten, woher ſind ſie? haben ſie nicht ihr Daſeyn von ihm? Und wozu hat er ſie geſchaffen? Unſtreitig deswegen, weil ſie mit zur Welt gehöreten. Aber, wenn ſie mit zur Welt gehören, wenn ohne ſie das Ganze die Vollkommenheit nicht haben kann, welche es haben ſoll, ſind ſie denn noch Kleinigkeiten in deſſen Augen, der die nothwendige Verknüpfung einſieht, welche ſie mit dem Hauptzwecke haben, um deſſentwillen er das Ganze ſchuf? und gehören ſie nicht eben darum weſentlich mit in den Plan der Vorſehung? Mir ſcheinen ſie verächtlich und nichtswürdig. Ich habe Grund ſo zu urtheilen, weil dieſes Urtheil in der That nichts anders, als ein Geſtändniß meiner Un=

Unwissenheit ist. Aber wo finde ich auch
nur einen scheinbaren Grund, der mich zu
denken berechtigen kann, daß der Allwissen=
de das auch für unnütz hält, was ich dafür
ansehe? Daß der Allerweiseste das nicht zu
gebrauchen wisse, was mir unbrauchbar
scheint? Kann ich ohne Lästerung etwas für
überflüßig halten, was der Unendliche zu
erschaffen nöthig gefunden hat? In jenem
Thale, in welchem nie ein Vieh geweydet,
und welches noch nie der Fuß eines Wande=
rers betreten hat, grünet unter tausend an=
dern ein Kraut, welches bisher den neube=
gierigen Blicken der fleißigsten Kräuterfor=
scher noch entwischet ist. Es hat seine Blät=
ter, seine Blüthe, seinen Stamm, seine
Wurzeln, seine Fäserchen, seine Bläschen.
Es ist mit einer Kunst gebauet, welche alle
Weisheit der grössesten Künstler beschämet.
Es wird von der Erde getragen und genäh=
ret, von der Sonne belebet, und von dem
Thau des Himmels erquicket. Für dassel=

be ſo gut, als für die Aloe, träufeln die
Wolken Leben und Nahrung. Es nimmt
an allem Segen der Schöpfung Theil. Kei=
nem Sterblichen aber ſind bisher ſeine Ei=
genſchaften und ſein Gebrauch bekannt. Kei=
nem Thiere, ſo viel wir wiſſen, kömmt es
zu Nutzen. Unſerm Urtheile nach könnte
es ohne den geringſten Vortheil oder Nach=
theil für die Schöpfung, ſeyn oder nicht
ſeyn. Aber es iſt. Es hat den allmächti=
gen Willen des Unendlichen zum Schöpfer.
Kann es umſonſt ſeyn? Muß es nicht Ab=
ſichten haben? Ich ſehe ſie nicht ein. Aber
weiß ſie deswegen der nicht, der alles weiß?

Der Menſch iſt das Haupt der irdiſchen
Schöpfung. Je gröſſer die Vorzüge ſind,
welche ihn über alle andere Geſchöpfe des
Erdbodens erhöhen; deſto gröſſer iſt auch
das Recht, mit welchem er auf die zärtliche
Vorſorge der Vorſehung Anſprüche machet.
Soll der Unendliche einen Wurm ſeiner Sor=
gen würdig achten, und des Menſchen ver=
geſſen?

gessen? Alles in der Natur ist zu einem End=
zwecke bestimmt, und wird dazu geführet.
Jedes Insect gelanget zu dem kleinen Gra=
de der Vollkommenheit, zu welchem es
durch seine Natur fähig ist. Die Vorsicht
gab den Instinct dem Thiere zum Führer.
Durch denselben geleitet, kann es seiner
Bestimmung nicht verfehlen. Die Stärke
seiner natürlichen Triebe ist auf das genaue=
ste nach seinen Bedürfnissen abgemessen.
Von der Milbe bis zum Elephanten gilt
diese Regel ohne Ausnahme. Sie ist durch
die ganze leblose und lebendige Schöpfung
allgemein. Und eine Ausnahme von ihr
sollte da gemacht seyn, wo ihre Beobach=
tung am meisten nöthig ist? GOtt soll nur
da keine ihm anständige Absichten haben,
wo er die alleredelsten haben kann? Der
Mensch ist vor allen Thieren des erhabensten
Glückes und des höchsten Grades der Voll=
kommenheit fähig, und er soll vor andern
Thieren allein seines Endzweckes verfehlen?
Sein

Sein Vorzug soll sein Unglück seyn? Und warum? weil er Vernunft, weil er Frey=heit hat? Was thut dieses zur Sache? Das thierische Glück ist freylich kein Glück für ein Wesen, welches Vernunft und Freyheit besitzt. Aber giebt es denn in dem Schatze des Unendlichen kein anders Glück, als ein thierisches? Oder hat der Allgenugsame seine Schätze an die geringere Schöpfung so sehr verschwendet, daß ihm nichts mehr für den edlern Theil derselben übrig geblieben ist? Der Instinct ist kein geschickter Führer für freye Wesen. Aber ist denn dem All=wissenden kein anders Mittel bekannt, wel=ches für edlere Wesen von gleicher Wirkung seyn kann? Und wenn es ihm nicht unbe=kannt seyn kann, ist der, dessen Vorsorge gegen das Glück der Insecten so wenig gleichgültig gewesen, es so sehr gegen das Glück der Menschen, daß er es seiner un=würdig achtet, auf die Verfügung dieses Mittels bedacht zu seyn? Der Mensch ist
frey=

Freylich nicht mehr ein Geschöpf Gottes, als jedes Insect. Aber er ist es doch eben so wohl. Habe ich nicht mehr Recht, als der Wurm, zur Vorsorge meines Schöpfers, so habe ich doch zum wenigsten eben so viel. Und warum sollte ich denn davon ausgeschlossen seyn? Jedes Geschöpf steigt zu dem Grade der Vollkommenheit auf, wozu es fähig ist. Es wird auf sichern Wegen dazu geführet. Warum soll ich nicht ein gleiches Vorrecht geniessen, und den höhern Grad von Glückseligkeit erreichen, zu welchem ich nur durch die freye Wohlthat meines Schöpfers fähig bin? Gott schuf den Thieren keinen Trieb an, welcher nicht zu seinem Zwecke geführet wird. Und die Triebe sollen umsonst seyn, welche er mit anerschaffen hat? Sie sollen bloß darum unbefriedigt bleiben, weil sie von grösserem Umfange und edler sind? Ich kann das Glück meines Daseyns und den Werth desselben empfinden. Ich wünsche es zu behalten.

halten, und der Begriff der Vernichtung ist
mir ein Abscheu. Vor allen Geschöpfen,
mit welchen ich die Nothwendigkeit zu ster=
ben gemein habe, habe ich die Empfindung
des Verlustes, welchen ich im Tode leide,
voraus. Und zwischen ihrem und meinem
Schicksale soll gar kein Unterschied seyn?
Ich soll, wie sie, vergehen; nicht mehr
seyn, und ein Daseyn einbüssen, welches zu
lieben mir meine Natur nothwendig ma=
chet? Ich kann allein meinen Schöpfer er=
kennen, den Werth seiner Güte fühlen, und
seine Wohlthaten mit freudigem Danke
preisen. Und der, dem Wohlthun Selig=
keit ist, der alles geben kann, ohne etwas
zu verlieren, soll mir mir seine Wohltha=
ten versagen; und nur darum von den Wir=
kungen seiner Güte mich ausschliessen, weil
ich am meisten fähig bin, Theil daran zu
nehmen? Kann es Menschen geben, welche
diese Denkensart wahrscheinlich finden,
und niederträchtig genug seyn können, die
Ma=

Majestät des unsterblichen Menschen unter
den Werth eines Wurmes zu erniedrigen?
Die im Ernste glauben können, daß die
ganze Grösse des Menschen, alle Erkännt=
niß, deren er fähig ist, alle edle Wünsche
seines grossen Herzens, und unsterbliche
Hoffnungen, zu welchen er aufgelegt ist,
sich in dem Schicksale, eine Speise des
Wurmes zu werden, der im Staube kreucht,
auf immer und ewig endigen werden? Was
heißt das anders, als in einem Athem Gott
und Menschen lästern?

Unstreitig hat der Mensch in dem Ver=
stande Gottes eben denselben Rang, welchen
er unter den erschaffenen Dingen hat. Ist
er das edelste Geschöpf auf Erden, so ist er
es auch in den Augen des Allwissenden. Die
zärtliche Vorsorge des allgemeinen Vaters
der Natur erstrecket sich auch über ihn, und
desto mehr über ihn, jemehr er ihrer vor al=
len andern fähig und bedürftig ist. Er ist zu
einem höheren, als thierischen Glücke, auf=
gelegt.

gelegt. Er ist also auch zu einem höheren
als thierischen Glücke bestimmet. Er ist
der Unsterblichkeit fähig, weil er sie wün=
schen kann, und er hat ein Recht sie zu hof=
fen, weil er ihrer fähig ist. Die Freyheit
ist eine wesentliche Eigenschaft seiner Na=
tur. Sie leidet die Zügel des Zwanges
nicht. Ein willenloser Instinct kann die
Seele vernünftiger Handlungen nicht seyn.
Durch dieses Mittel kann der Mensch nicht
zu seiner Bestimmung geführet werden.
Tausend andere Wege sind für die Absichten
des Allwissenden offen. Der väterliche Un=
terricht seines zärtlichen Schöpfers, der
auf unendlich verschiedene Art ihm mitge=
theilet werden kann, kann ihn weise und
klug machen. Ohne seine Freyheit einzu=
schränken, kann ihn die Vorsehung durch
Wohlthaten, oder durch Züchtigungen, in
einer kürzern oder längern Zeit, durch Er=
fahrung an sich oder an andern, auf der ge=
raden Strasse, oder durch entfernte Umwe=
ge,

ge, bald auf einmal, oder stuffenweise, in
dieser oder in einer andern Welt, zu dem
Ziele der Vollkommenheit und Glückseligkeit führen, welches ihm die Güte des Schöpfers gesetzet hat. Hiezu kann es dem Allwissenden nicht an Einsicht, und dem Allmächtigen nicht an Vermögen fehlen. Und
könnte wohl mein Schöpfer der Allergütig-
ste seyn, wenn ihm hierzu der Wille man-
gelte? So lange mein Schöpfer der Unendliche bleibt, habe ich nichts wegen meines
Schicksals ausser mir selbst zu fürchten. So
lange man mir die Begriffe unbestritten
läßt, welche ich von den Eigenschaften meines Schöpfers habe, so lange bemühet man
sich umsonst, meinen Glauben an seine
Vorsehung, auch nur auf einen Augenblick,
wankend zu machen. Immer mag der ge-
dankenleere Ungläubige mich mit meinen
Hoffnungen verspotten. Immer mag er
sich mit seiner eingebildeten Weisheit brü-
sten, und mit angenommenem Stolze fragen:

gen: Was iſt gegen mich ein Wurm? Er
kreucht zu meinen Füſſen, deren zufällige
Bewegung ihn ohne mein Vorwiſſen zer=
quetſchet. Aber wie viel weniger bin ich
gegen GOtt? Was kann der Allerhöchſte
in Anſehung meiner anders, als völlig
gleichgültig ſeyn? Welch eine Thorheit wä=
re es von mir, zu denken, daß ſich um mich
der Unendliche bekümmere? Ich höre ihn
mit mitleidiger Verachtung. Seine ver=
meynten Angriffe ſtören meine ſichere Ruhe
nicht. Er ſey immerhin ein Wurm, wenn
ihm dieſes ſo ſehr wünſchenswerth ſcheint.
Ich beneide ſein Schickſal nicht. Ich will
kein Wurm in meinen Augen ſeyn, und ich
bin gewiß, daß ich es auch in den Augen
meines Schöpfers nicht bin. Ich bin ein
Menſch, und erwarte von dem, der mich
dazu gemacht hat, ein Schickſal, das ſei=
ner und meiner würdig iſt. Ich fühle mich
fähig, unſterblich zu ſeyn. Ich habe das
Herz, es zu wünſchen. Die Güte meines
Got=

Gottes berechtiget mich, es zu hoffen. Ich nehme diese Hoffnung mit demüthigem Vertrauen an, und ich bin stolz darauf.

Was für hohe Hoffnungen steigen in meiner Seele empor? Mein Herz erhebt sich, und meine Wünsche wallen der Unsterblichkeit entgegen. Ich finde Aussichten ohne Ende vor mir eröffnet, welche nur durch die schmale Kluft des Grabes von mir getrennet sind. Mit leichter Mühe schwingen sich meine Gedanken über dieselbige hinaus. Ich versetze mich in die lange Dauer meines künftigen Daseyns, und sehe von dort auf den kurzen Augenblick meines gegenwärtigen zurück. Mein Gott! wie sehr verändert dieser neue Gesichtspunct, aus welchem ich die itzige Welt ansehe, meine Vorstellungen von ihr? Jene wirklichen Uebel des Lebens, jene allgemeinen und besondern Plagen, so manche gerechte Ursachen zum Kummer und zur Schwermuth, welche mir so oft groß genug geschienen, und über sie zu

kla=

klagen, und ihrentwegen mein Daſeyn un=
angenehm zu finden, was ſind ſie? flüchtige
Nebel, welche auf einen Augenblick die
Sonne meiner Glückſeligkeit überziehen,
um ſie bald reizender wieder hervorblicken
zu laſſen. Die Vergnügungen der Erde,
ihre vermeynten Schätze, die Güter, mit
deren Beſitze ſich die menſchliche Thorheit ſo
viel einbildet, ſind die es wohl werth, daß
ich, wenn ſie mir mangeln, die Vorſehung
anklage, und mich in das wirkliche Elend
eines ungläubigen Mistrauens ſtürze? ſind
die wohl wichtig genug, daß ich ſie in den
Händen eines Menſchen, der ſie misbrau=
chet, als Fehler in der Regierung der Welt
anſehe, und daß mir ohne dieſelben mein
Daſeyn weniger ein Gut zu ſeyn ſcheint?
Bin ich nicht, weil der Unendliche mein
Daſeyn gewollt hat? Und ſind nicht die
Umſtände, in welchen ich mich befinde, eben
ſo wohl von ihm? Kann etwas ein Uebel
ſeyn, welches von dem Allergütigſten
                                    kömmt?

kömmt? Und kann wohl der geringste Um=
stand meines Schicksals ohne Nutzen für
mich seyn, da er von dem Allerweisesten ge=
wählet worden? Mein Glück ist hier nicht
vollkommen.   Aber) hat es denn hier schon
vollkommen seyn sollen? Hat es hier schon
vollkommen seyn können? Und wird mich
das hindern, künftig einmal glücklich zu
seyn, daß ich es itzt noch nicht bin? Darf
ich besorgt seyn, meines Zweckes zu verseh=
len, da mich das allsehende Auge der allge=
genwärtigen Güte dazu leitet? Glück und
Unglück, Freude und Kummer, vergnügte
und widrige Begebenheiten, Tod und Le=
ben, ja so gar meine eigenen Fehler werden
von der Hand der Vorsicht regieret, deren
göttliche Geschicklichkeit das Uebel selbst oft
zu einer Quelle des Guten machet.   Die un=
behutsame Güte eines zärtlichen Jacobs
gegen den Liebling unter seinen Söhnen; die
kindische Unbedachtsamkeit Josephs, sei=
nen Traum zu erzählen, wodurch der Neid

L 2   seiner

ſeiner Brüder gereizet wird; machen beyde
unglücklich. Joſeph wird ein Sklav, und
bald ein Gefangener. Der untröſtbare
Vater beweinet den Tod eines Sohnes, deſ=
ſen Leben mehr ſeiner Thränen würdig ge=
weſen wäre. Indeſſen entwickeln ſich die
Wege der Vorſehung. Das Ende der
Sklaverey iſt der Thron Aegyptens. Jo=
ſeph beſteigt ihn. Ein Königreich wird
durch ihn vom Untergange errettet, das
Haus ſeines Vaters erhalten, der itzt mit
Freudenthränen die Führung der Vorſicht
preißt, welche ſeit mehr als zwanzig Jah=
ren die Urſache ſeines Kummers geweſen
war.

Wie göttlich erhaben iſt die Ruhe, in wel=
che der Begriff einer alles zum Beſten ihrer
Geſchöpfe regierenden Vorſehung mein Ge=
müth ſetzet? Die tägliche Erfahrung lehret
mich, wie wenig mein Glück von mir ſelbſt
abhängt. Tauſend Zufälle, welche vor=
herzuſehen alle Weisheit der Menſchen zu
wenig,

wenig, und denen vorzubeugen alle Macht
der Sterblichen zu gering ist, drohen täg=
lich meinem Glücke und meinem Vergnü=
gen. Der Zusammenfluß der glücklichsten
Umstände dienet sehr oft zu nichts anderm,
als zur Zubereitung eines desto wirklichern
Elendes, und der glückseligste Mensch des
Erdbodens ist der, der das Unglück am mei=
sten zu fürchten hat, weil er am meisten ver=
lieren kann. Ich schwimme auf dem Mee=
re dieses Lebens, ungewiß, wohin ich ge=
trieben werde. Mein Schicksal hängt von
jeder Welle ab. Ein ungefährer Zufall ver=
nichtet oft in einem Augenblicke die Werke
vieljähriger Bemühungen. Das Glück er=
kläret die klügsten Entwürfe für Thorheit,
und krönet noch öfter die unbesonnesten Un=
ternehmungen. Von allem, was ich vor=
nehme, ist der Ausgang ungewiß, aber das
noch ungewisser, ob das Gelingen oder Miß=
lingen meiner Anschläge besser für mich sey.
Was könnte mich an dem Abgrunde der

Ver=

Verzweiflung, an welchem dieſe melancholiſche Empfindungen mich führen, von meinem völligen Untergange zurückhalten,
wenn mich nicht die allmächtige Hand der
allweiſen Vorſehung unterſtützete? Wie ſehr
verändert ſich zu meinem Vortheile der Anblick meines Schickſals? Ich weiß ſeinen
Ausgang nicht. Aber der weiß ihn, dem
eben ſowohl, als mir, daran gelegen iſt,
daß er nicht unglücklich für mich ſey. Ich
mache Entwürfe, und gehe ihnen nach. Der
Erfolg iſt ungewiß für mich. Aber er wird
von dem Allerweiſeſten und Allergütigſten
geleitet. Ein Zufall vernichtet meine Hoffnungen; aber dieſer Zufall wird von demje-
nigen geſandt, welcher das, was mir nützlich iſt, beſſer, als ich ſelbſt, einſieht. Meine Zweifel verſchwinden, und mein bekün-
mertes Gemüth erheitert ſich. Meine Umſtände ſind, ſo wie ſie ſind, von der allwiſſenden Güte beſtimmt. Der Unendliche
hat mein Schickſal mit allen ſeinen Umſtän-
den

den vorausgesehen. Er hat es gut gefunden,
weil er es gewählet hat. Er würde es anders eingerichtet haben, wenn eine andere
Einrichtung besser für mich gewesen wäre.
Ich billige es mit dankbarer Zufriedenheit.
Jeder Umstand desselben leget mir neue Ver-
bindlichkeiten gegen ihn auf, weil jeder Umstand desselben auf mein Bestes zielet. Ehe
ich noch zum Daseyn reif war, war das Ur-
bild von mir schon in dem unendlichen Verstande meines Schöpfers zugegen. Der
Grundriß meines ganzen Schicksals lag vor
ihm. Er zeichnete denselben bis auf die geringsten Züge mit sorgfältiger Huld. Er
setzte ihn mit dem Abrisse der Welt, von welcher ich bestimmet war, ein Theil zu werden,
in die genaueste Verknüpfung. Hier bestimmete er die Stunde meines Entstehens. Frü-
her oder später wäre sie weniger glücklich für
mich gewesen. Hier wählete er für mich meinen Stand, und die Umstände, welche er
mir bestimmete. Er wählete sie aus tausend

L 4 an-

andern.   Er wählete ſie, wie ſie am beſten
für mich waren.   Er knüpfete das Gewebe
meines Geſchickes, und entwarf den Grund=
riß meines Lebens.   Er ſetzte alle beſondere
Begebenheiten deſſelben feſt, und ordnete
dieſelben mit einer zärtlichen Sorgfalt, die
nicht genauer hätte ſeyn können, wenn auch
dieſes Geſchäfte ſein einziges geweſen wäre.
Keine Kleinigkeit, kein Umſtand wurde ver=
geſſen.   Ein für mich eben ſo ſeliger, als ver=
borgener Entwurf! Alle ſeine Theile paſſen
ſo genau ins Ganze, als wenn das Ganze
nur allein für mich wäre.   Kein glücklicher
Umſtand blieb zurück, wenn nicht etwa ei=
nem gröſſern Glücke daher Hinderniß ent=
ſtand.   Kein unangenehmer Umſtand wur=
de zugelaſſen, wenn nicht ſeine glücklichere
Folgen ihn nothwendig machten. Er verhän=
gete über mich jenen längſt vergangenen Zu=
fall meines Lebens.   Wie rauh, wie finſter,
wie ſchrecklich war er bey dem erſten Anbli=
cke? Aber wie ſelig für mich in ſeinen Folgen?
Ich

Ich sehe sie itzt nur wie durch einen Nebel.
Sie werden immer glänzender, je weiter sie
sich in die entfernte Zukunft versenken. Ihr
Ende ist in der Ewigkeit. In einem tief ver=
steckten Theile derselben verlieren sie sich mit
einem Glanze, dessen übermäßiger Schim=
mer mich blendet. Die Grösse meines Glü=
ckes drücket mich nieder. Meine ganze Seele
bethet an. Gott! mein Schöpfer! wie sehr,
wie sehr bin ich dein?

Zu was für einer Höhe des allergewisse=
sten Vertrauens erhebt sich mein befestigter
Glaube? Ich fühle mich weit über alle An=
fechtungen des Zweifels erhoben. Ich sehe
mit ruhiger Zuversicht stolz auf mein Ver=
hängniß, auf die niedrigen Auftritte der
Unordnung und Verwirrung herab, welche
in dieser Welt herrschen. Der Gottesver=
ächter auf dem Throne; der Tugendfreund
auf der Galere; der Gerechte unterdrückt
von der überwiegenden Macht der Ungerech=
tigkeit; die Dummheit auf Richterstühlen,
und

und der Weiſe verachtet; die Niederträch=
tigkeit im Ueberfluſſe, und die Großmuth
arm; Anblicke, welche ſo oft mein Gemüth
mit ungläubigem Kummer erfülleten, ſind
itzt die kräftigſten Stützen meiner ange=
nehmſten Hoffnung. Von der Vorſicht un=
terrichtet, ſehe ich über die Spanne dieſes ge=
genwärtigen Lebens hinaus. Jenſeit der
Gränzen dieſer Welt entdecke ich den Anfang
einer neuen, in welcher Gerechtigkeit woh=
net. Hier iſt der Vorhof der Schöpfung.
Das Geſchlecht der Menſchen iſt die Pflanz=
ſchule, in welcher die väterliche Sorgfalt der
Vorſehung Bürger für die künftige Welt
erzieht. Ihr gegenwärtiges Schickſal iſt ihre
Erziehung: Hier ſind ſie nicht, was ſie ſeyn
ſollen. Hier werden ſie zu dem gebildet, was
ſie in einer glücklichern Welt ſeyn werden.
Die ſelige Pflicht des Gehorſams gegen die
//Befehle des gütigſten Vaters auszuüben,
und an ſeiner Hand geleitet durch die Ver=
wirrungen des gegenwärtigen Lebens einer
ſeli=

seligen Ewigkeit zuzueilen, ist meine Bestim=
mung. Was habe ich für ein glückliches
Loos? Wohin ich mich wende, zeigen sich
mir hoffnungsvolle Aussichten. Die Wege,
welche dazu führen, mögen seyn, wie sie wol=
len: ihr Ende ist Seligkeit. Ich eile an der
Hand der Vorsehung unerschrocken diesem
Ziele zu. Kein Widerstand ist mir zu mäch=
tig, und keine Hinderniß unüberwindlich.
Je weniger angenehmes meine gegenwärti=
gen Aussichten haben, desto weniger Schwie=
rigkeit finde ich, gleichgültig gegen sie, und
desto sehnsuchtsvoller gegen die künftigen zu
seyn. Bey einer andern Einrichtung wür=
de vielleicht mein itziges Glück gewonnen
haben. Aber ich würde dieses wohl unter
der Bedingung wünschen, daß mein Zu=
künftiges darunter leiden müßte? Nein!
immer mag mein zeitliches Glücksgebäude
zusammenfallen, wenn sich auf seine Trüm=
mern der stolze Bau meines ewigen gründen
muß. Ich gewinne unendlich durch diesen
Verlust. Ich

Ich will deswegen nicht weniger ein Freund
der Tugend ſeyn, weil Ehre und Schätze
nicht immer in ihrem Gefolge ſind. Die
Vergnügungen der Erde ſind nur ein zufäl-
liger Schmuck, nie eine weſentliche Zierde
der Tugend. Sie, die Tugend, reich an eigner
Schönheit, bedarf keiner entlehnten. Ihr innerer Werth machet ſie auch ohne äußerem
Glanze groß. Ihrer Würdigkeit bewußt,
hält ſie alle Verehrung, welche ihr nicht um
ihr ſelbſt willen erwieſen wird, für Beleidi-
gung. Ihr Freund ſeyn iſt das höchſte Glück.
Aber ſie wählet ihre Freunde nicht unge-
prüft. Sie fodert ſie auf, in einer erhabenen Rolle ihre Gröſſe zu zeigen, und ihrer
Freundſchaft würdig zu werden. Glück
und Ehre ſind in ihren Händen, aber nur
für die, welche mit gleicher Gelaſſenheit
beyde empfangen und verlieren können. Ihre Eiferſucht duldet keine Nebenbuhler. Wir
ſollen ganz, oder gar nicht, die Ihrigen ſeyn.
Sie ſpottet der Thoren, welche ſich ihrer
Freund-

Freundschaft unwürdig rühmen, durch die zweydeutigen Gnaden, welche sie ihnen zu= wirft, und behält sich es vor, durch edlere Gunstbezeugungen die geheimen Freunde zu unterscheiden, deren edle Seelen für zeitliche Belohnungen zu groß sind. Ihre Vorschrif= ten sind meine Pflichten, und die unverletzli= che Hochachtung gegen dieselben ist mein Glück.

Mit diesem Entschlusse gehe ich muthig fort auf dem Theile des Weges zur Ewigkeit, welchen ich noch vor mir sehe. Die Kraft meiner Blicke erstrecket sich nur auf wenig Schritte vor mir. Das übrige bedecket ein undurchdringlicher Nebel. Vielleicht fin= den sich manche rauhe Stellen, die ich noch zu übersteigen habe. Gefahren und Mühen von mehr, als einer Art, warten vielleicht schon auf mich. Ich erwarte sie, und er= warte sie geruhig. Wenn diese Schwierig= keiten unüberwindlich wären, so würde der, welcher besser, als ich selbst, weiß, wie weit

meine

meine Kräfte gehen, mich nicht zu dieſen
Siegen auffordern. Sein Befehl machet
mich kühn. Ich will nicht durch niedriges
Mistrauen gegen mich ſelbſt das Vertrauen
entehren, deſſen mich die Vorſehung würdi=
get. Werde ich zu einer Rolle aufgefodert,
zu welcher Herzhaftigkeit gehöret, ſo iſt der
getreu, der mich dazu beruft. Mein Muth
kann nicht ſinken, da ihn das Vertrauen auf
den Allmächtigen unterſtützet. Keine Ge=
fahr kann ſo ſchrecklich, kein Uebel ſo groß,
kein Ausſicht ſo verwirrt ſeyn, daß ſie nicht
in den Händen der Vorſehung zu meinem
Beſten dienen müßte. Mein Schickſal iſt
unvermeidlich, ich kann ihm nicht entgehen.
Aber es iſt ſo ungezweifelt gut für mich, daß
ich ihm auch nicht zu entgehen wünſche. Es
ſey immer mühſam. Sein Ende iſt Friede.
Es ſey immer dunkel. Aus ſeinen Finſter=
niſſen wird einmal das reinſte Licht aufge=
hen. Ich eile ihm mit freudiger Zuverſicht
entgegen. Mein gläubiges Vertrauen kann
nicht

nicht zu Schanden werden, denn es gründet
sich auf nichts geringeres, als auf GOtt.

Zwölftes Stück.
Der Abend.

Ich sehe die Himmel, deiner Fingerwerk; den Mon-
den und die Sterne, die du bereitest. Was ist der
Mensch, daß du sein gedenkst? und des Menschen
Kind, daß du dich sein annimmst?

Die Sonne verdoppelt schon ihre Schritte, und eilet zum Untergange. Sie
scheint von uns zu fliehen, als ob sie müde
wäre, mannichfachen Auftritte länger anzusehen, zu welchen sie diesen Tag über der
menschlichen Thorheit ihr Licht leihen müssen. Ich folge ihrem Beyspiele, und ziehe
mich aus dem Getümmel des gesellschaftlichen Lebens in meine Einsamkeit zurück.
Die Geschäfte des heutigen Tages haben ein
Ende. Das lärmende Geräusch wird nach
und nach stumm. Die Werkzeuge des em-
sigen Fleisses sind ermüdet, und schweigen.
Der Geschäftige und der Müßiggänger suchen

che beyde die Ruhe. Ueber alle Auftritte des verfloſſenen Tages zieht die Nacht ihren ſchwarzen Vorhang. Das mannichfaltitige Schauſpiel des Tages wechſelt mit dem einförmigen Auftritte des ruhigen Abends ab. Ich bin allein. Nichts hindert mich, frey zu denken, für mich zu denken, und ungeſtört allen Vorſtellungen nachzuhängen, welchen ſich zu überlaſſen meine Seele für gut findet. Wie reizend angenehm iſt doch die ſanfte Stille der Einſamkeit? Wenn wir den Pflichten eine Gnüge geleiſtet haben, welche die Geſellſchaft, in der wir leben, von uns zu fordern berechtiget iſt: wenn wir zu dem Vergnügen unſers Nächſten und zur Beförderung ſeines Glückes das Unſrige, nach unſerm Vermögen, beygetragen haben: wenn der Abend eines nicht verlohrenen Tages uns von dem Joche der täglichen Lebensgeſchäfte losſpannet: wie erquickend iſt dieſe Ruhe? Dieſe Augenblicke ſind vorzüglich mein, und mir ganz

ganz eigen. Unter den Menschen seyn,
heißt ausser sich selbst seyn. In der Gesell=
schaft ist die Seele wie nicht zu Hause. Die
äussern Gegenstände, mit welchen sie sich
umgeben findet, halten alle ihre Kräfte
ausser ihr beschäftiget. Sie empfindet nur
dadurch, daß sie ist, weil sie fühlet, daß
sie nicht bey sich selbst, und das, was sie ist,
nicht für sich ist. Die Freuden der Gesell=
schaft erschüttern nur ihre Oberfläche, und
dringen nicht in das Innerste des Herzens.
Die Seele leidet sie, ohne sie zu geniessen.
Die Empfindungen, welche dadurch ver=
anlasset worden, beschäftigen nur ihre un=
tern Kräfte, und lassen die edelsten ihrer
Fähigkeiten unthätig. Wahre Freuden
kann allein die Einsamkeit gewähren. Sie
ist die Schule der Tugend. Sie streuet den
Saamen der Weisheit aus: welcher in dem
gesellschaftlichen Leben zur Tugend reifet,
und dessen Erndte Zufriedenheit ist. In
der Einsamkeit lehret und lernet die Seele

sich

ſich ſelbſt. Ohne dieſen Unterricht iſt aller andere vergeblich. Alle Menſchen, ohne Unterſchied, nimmt hier die Tugend zu Lehrlingen an. Und nur die, an deren Beſſerung ſie gänzlich verzweifelt, werden von ihr aus dem glückſeligen Gebiethe der Einſamkeit verwieſen, und auf ewig in das Getümmel der Geſellſchaft verbannet.

Ich ſehe in das Vergangene zurück. Wo ſind ſie geblieben, die Stunden des abgeſchiedenen Tages! Sie ſind hin, auf ewig hin! Sie haben ſich, wie Tropfen, in dem Ocean der Ewigkeit verlohren. Sie ſind auch der Allmacht unwiederbringlich. Nur die in ihnen geſchehenen Handlungen ſind geblieben. Sie ſind in die Bücher des Allwiſſenden eingetragen, und mit unauslöſchlicher Schrift in die Regiſter der Ewigkeit gezeichnet. Ein Tag, ein feyerlicher Tag, wird dieſe Bücher eröffnet ſehen. Bey dem Lichte der göttlichen Sonne

ne werden alle Thaten der vernünftigen
Geschöpfe beschauet werden, welche bey dem
Lichte der Himmelssonne begangen sind;
und der laute Beyfall oder Tadel des Un=
endlichen wird, mit allmächtigem Tone,
durch den Himmel schallen = = = GOTT!
was zeiget sich mir für eine ernste Erschei=
nung? Was sehe ich? Es ist der abgeschie=
dene Tag, dessen Schatten vor mir wan=
delt. Ich sehe ihn so, wie ich einst in der
Gesellschaft aller meiner übrigen Lebens=
tage wieder sehen werde, so wie ihn einmal
der allwissende Richter sehen wird; so wie
er einmal vor dem Richterstuhle des Ewi=
gen auftreten wird, um für, oder wider
mich zu zeugen. Er ist das lebendige Bild
von mir, wie ich heute gewesen bin. Kein
Zug ist vergessen. Was ich Gutes gethan,
und wo ich gefehlet habe, mit der Ge=
müthsfassung, woraus beydes geflossen
ist; mein ganzes heutiges Herz ist an ihm
sichtbar. GOtt Lob! ich entdecke in die=

sem

ſem Bilde nichts Schändliches! Alles iſt nicht ſo vollkommen, wie es ſeyn ſollte: aber das Ganze iſt doch nicht verwerflich. O! möchten nur alle meine vergangenen Tage dieſem gleichen! Mit wie vielem Grunde könnte ich einſt die gnädige Nachſicht des Richters hoffen, deſſen gütiges Auge da Fehler überſieht, wo es ein rechtſchaffenes Herz entdecket? Ich bethe die Güte deiner Vorſicht an, allmächtiger Vater! du biſt es, der mich durch alle Verſuchungen des heutigen Tages unverletzt geführet hat! Deine väterliche Huld hat mich ſo ſicher geleitet! Die Freuden eines ruhigen Gewiſſens ſind dein Geſchenk! Ich fühle den Werth dieſer Wohlthat. Was iſt alles Glück der Erde gegen den Frieden der Seele? Ein ruhiges Gewiſſen iſt der Himmel auf Erden. Ich denke dich! den Richter aller Welt, und dereinſt auch meinen Richter! Du Allwiſſender! kenneſt alle meine heutigen Gedanken, Abſichten
und

und Handlungen! Du wirst sie einmal an
das Licht bringen! Du wirst sie richten!
und alsdann wird von deinem Ausspruche
mein ewiges Schicksal abhangen! Ich den=
ke diesen ernsten Gedanken! wie oft hat vor
ihm mein Herz gezittert? Aber! heute,
Dank sey deiner Gnade! Heute denke ich ihn
ohne Schrecken? Ich denke ihn mit heiliger,
mit hoffnungsvoller Freude.

Zu was für erhabenen Empfindungen ist
doch der Mensch aufgelegt? Er hat die
reichste Quelle der Seligkeit in sich selbst.
Sein Schöpfer hat sie in ihn geleget. Sei=
ne Zufriedenheit hängt nicht weiter von
Dingen ausser ihm ab, als er selbst es will.
Was fehlet ihm, als seine eigene Grösse
zu kennen, und Gesinnungen anzunehmen,
die seiner würdig sind? Die Hauptquelle
des Lasters ist die Niederträchtigkeit. Ein
wohlverstandener Stolz ist der Grund der
erhabensten Tugend. Möchte nur der
Mensch sich selbst so hoch achten, als er von

sei=

ſeinem Schöpfer geachtet wird! Er mach=
te ihn nach ſeinem Bilde. Er machte ihn,
um das im Kleinen zu ſeyn, was ſein Schö=
pfer im unendlich Groſſen iſt. Er bauete
für ihn die ganze Körperwelt. Für ihn
nicht allein, aber doch auch für ihn, und
für ihn mehr, als für irgend ein anderes
Geſchöpf des Erdbodens, breitet der nächt=
liche Himmel göttliche Schönheiten aus.
Das blendende Licht des Tages ſchränket
meine Blicke in die engen Gränzen des Erd=
kreiſes ein, welchen ich bewohne. Es
leuchtet mir zu den Geſchäften, welche ich
hier zu verrichten habe, und welche ſich nur
auf meinen gegenwärtigen Zuſtand bezie=
hen. Der Abend fordert mich auf, der
Zeuge von einem viel prächtigern Schau=
ſpiele zu ſeyn. Unzählige Heere von Ge=
ſchöpfen ſtellen ſich meinen nicht mehr durch
das neidiſche Licht des Tages eingeſchränk=
ten Blicken dar. Ich ſehe in alle Theilen
des Weltgebäudes. Alle dieſe Theilen ſind
mit

mit Wesen besetzt, welche einen und denselben Vater mit mir haben; welche eben sowohl, wie ich, obwohl vielleicht auf eine ganz
andere Art, Theil an seiner unerschöpflichen
Huld nehmen; welche alle nach ihren Bedürfnissen aus seinem unendlichen Schatze
versorget werden. Wie sehr erweitern
diese Aussichten meine Begriffe und meine
Gesinnungen! Meine Hoffnung und mein
Vertrauen auf GOtt nehmen in dem
Maaße zu, in welchem sich meine Vorstellungen von der Grösse seiner Schöpfung
vermehren. Umschränktes Vertrauen auf
den Unendlichen ist Mistrauen: und Mistrauen gegen ihn ist Lästerung. Ein Glück,
welches ich von dem Unendlichen hoffe, ist
unendlich. Und sollten meine Wünsche
eingeschränkter, als meine Hoffnung,
seyn? Soll ich niederträchtig meine Grösse
verläugnen, und nur ein flüchtiges zeitliches Vergnügen wünschen, da ich ein ewiges hoffen darf? Nein! ich will das seyn,
wozu

wozu mich mein Schöpfer bestimmet hat.
Ich will nicht durch niedriggesinnte Wün=
sche ihn und mich zugleich beschimpfen.
Der Unendliche selbst will mein Theil seyn,
und nun achtet mein stolzes Herz alles auf=
ser ihm für Nichts.

Glänzende Wohnungen in dem unendli=
chen Hause des allmächtigen Vaters? Be=
glückter Aufenthalt seliger, mir bis dahin
noch unbekannter Wesen! Werde ich euch
nicht einmal kennen lernen! Werden nicht
euere beglückten Einwohner, itzt nur meine
Mitgeschöpfe, einmal meine Nächsten wer=
den? Darf ich nicht vielleicht schon auf vie=
le unter ihnen, als auf meine künftigen
Freunde Rechnung machen? Himmlische,
mir noch nicht bekannte Freunde! Reine
Wesen! Lieblinge der Gottheit! Könnte
ich doch, eurer Freundschaft würdig er=
funden zu werden, mit Recht hoffen! Wie
würde diese Hoffnung meine Gesinnun=
gen erhöhen? Verstattet sie mir diese Hoff=
nung

nung! und euer künftiger Freund wird dadurch eine Ursache mehr haben, die Tugend zu lieben. Und wo ist er? der Freund aller Freunde; Der HErr des Himmels, und der Erlöser der Menschen? Welche Welt schleußt ihn ein? Welcher Ort in dem unbegränzten All wird itzt durch seine nähere Gegenwart beseliget? Wann werde ich einmal in der Nähe den Glanz der Gottheit bewundern, welcher dich, Anbethungswürdiger umgiebt? Wann werde ich einmal mit verklärten Augen dich sehen, wie du bist? Ich will mich in meinem täglichen Wandel bestreben, deinem Beyspiele, welches du als Mensch auf Erden gegeben, nachzuahmen: und meine nächtlichen Blicke sollen dich dort aufsuchen, wo du in göttlicher Herrlichkeit herrschest, und mit Blicken der Gnade auf die Menschen, deine Lieblinge, herabschauest.

E N D E.